KB117153

공간이
아이를
바꾼다

일러두기

· '문화로 행복한 학교 만들기'는 지난 2008년부터 현재까지 다수의 디자인 디렉터 분들이 참여한 공공 프로젝트입니다. 함께한 분들의 인명과 소개는 본문 마지막 〈사업 대상 학교〉 편에 정리했습니다.

· 이 책에 실린 학교 공간의 사진들은 사단법인 문화로 행복한 학교 만들기에 이어 2010년부터 '문화로 행복한 학교 만들기'를 주관하고 있는 한국공예·디자인문화진흥원의 허가를 얻어 수록하였으며, 참여한 디자인 디렉터 분들의 인명은 해당 사진별로 표기하였습니다.

공 간 이
아 이 를
바 꾼 다

김경인 지음

중앙books

차
례

프롤로그   네모난 학교, 모난 아이들 10

긍정의   건축으로   1부
다시 짓는 교육

감옥, 군대, 학교는 왜 닮은꼴일까?
나는 왜 아들의 이 말에 마음이 아팠나 18 | 감옥에서 벗어나는 법 21
+ 학교의 일상은 어떻게 만들어졌을까? 23

주거는 변하는데 왜 학교는 그대로일까?
거꾸로 가는 학교 24 | 교실이 집보다 더 좋을 순 없을까? 27
+ 아이의 공간은 어른의 공간과 달라야 한다 33

그렇게 아이들의 스트레스는 쌓여만 간다
아이 마음 제대로 읽기 34 | 아이들은 어느 장소에서 가장 행복할까? 37
+ 오늘 행복한 아이가 내일도 행복하다 40

북유럽식 교육 경쟁력의 비밀

생활로 들어온 자연의 환경 41 | 어떤 혁신도 혼자서는 어렵다 47

🏠 + 노르딕 교육에서 답을 찾다 49

또 하나의 집을 꿈꾸다

학교의 불편한 진실 51 | 공간이 바뀌면 아이들도 달라진다 55

🏠 + 과학적으로도 입증된, 공간의 놀라운 치유 능력 60

이제, 학교도 치료가 필요하다

살아 있는 배움의 공간 61 | 디자인이란 본질적 영혼이다 65

🏠 + 벽 없는 교실이 왜 중요할까? 68

🏠 또 하나의　　　집,　　　　　　**2부**
　　　　　　　　　　학교

행복한 학교, 과연 만들 수 있을까?

교육에 관한 관점 바꾸기 72 | 아이들을 살리는 '행복한 학교 만들기'의 시작 74

🏠 + 문화로 행복한 학교 만들기 76

창의적인 공간이 창의적인 생각을 만든다

똑같음이라는 전염병 78 | 학교 건축의 평등이 부른 '하향 평준화' 79

🏠 + 똑같은 것보다 다 다른 것이 더 좋다 83

지금 학교는 누가 설계하고 누가 짓는가?

학교의 주인은 누구인가 85 | 학교의 주인은 학생이다! 88

🏠 + 학교를 다시 만들자 91

문화로 행복한 학교, 디자인으로 행복한 교육

우리 아이, 이런 학교에 보내고 싶다 92 | 디자이너들, 학교로 등교하다 95

🏠 + 빌 게이츠가 꿈꾸는 미래 학교는 어떤 모습일까? 96

아이들이 진짜 바라는 공간이란

벽 없는 교실, 교실 없는 학교 98 | 자기 손으로 만들어가는 즐거움 102

🏠 + "여기가 호텔이야, 학교야? 비트라 학교 104

행복을 창조하는 공간

3부

학습 능력을 높이려면 화장실부터 바꿔라 서울 대왕중학교

욕구에도 위계가 있다? 109 │ 폐쇄적인 폭력 공간에서 열린 문화 공간으로 111 │ 아름다운 사람은 머문 자리도 아름답네! 115 │ 파리 한 마리가 화장실을 바꾼다? 118

+ 지극히 개인적인 '나'를 만날 수 있는 시간 121

아이들의 스트레스, 어떻게 풀어줄 수 있을까? 전주 양지중학교

사육되는 아이들 123 │ 환경 개선이 곧 교육 복지이다 125 │ 생활 속에서 인성을 닦는 공간 129 │ 여기가 학교야, 아트센터야 131 │ 칭찬은 고래를, 음악은 아이를 춤추게 한다 134 │ 지역과 함께하는 지속 가능한 학교 137

+ 스트레스? 컬러로 힐링하라 141

공간이 아이들의 행복을 좌우한다? 고양 호곡중학교

누구도 소외받지 않는 열린 공간 143 │ 나누면 더 커지는 마음의 공간 145 │ 버려진 공간을 일궜다, 희망이 싹텄다! 148 │ 스티브 잡스가 건물 중심에 '이것'을 배치한 이유 153

+ '너'와 '나'를 '우리'로 만드는 소통의 공간 155

도시에서 자연과 공존하며 사는 법 이천 한국도예고등학교

나무 한 그루, 꽃 한 송이 없는 삶 157 │ 우리는 옥상에서 힐링한다! 159 │ 자연의 놀라운 능력, 우리 아이가 달라졌어요! 162 │ 평생의 행복을 원한다면 정원을 가꿔라 166

+ 도시에서 자연 아이로 키우기 167

우리가 몰랐던 도서관의 진정한 가치 부산 신선초등학교

한 권의 책, 한 권의 세상 169 │ 환경을 조성해주면 아이들은 책을 본다! 171
│ 사람은 도서관을 만들고, 도서관은 사람을 만든다 174 │ 책을 통해 성장하
는 아이들 177

🏠 + 평생 학습, '읽기'가 좌우한다 181

진정한 행복을 나눠주는 학교란 밀양 무안중학교

철학 있는 학교 183 │ 진심이 짓는다 187 │ 감동의 힘이 만드는 기적 192

🏠 + 좋은 추억이 많은 아이 195

건강한 육체에서 건강한 정신이 나온다 대구 광명학교

맘껏 뛰어놀 수 있는 공간 197 │ 눈이 아닌 손으로 만든 세상 200 │ 믿는 만
큼 자라나는 아이들 203

🏠 + 착한 생각에서 착한 공간이 만들어진다 205

아이의 성장을 돕는 자양분

4부

사소하지만 치명적인, 깨진 유리창의 법칙

작은 차이가 큰 차이를 만든다 208 │ 궁극의 답, 공간이 마음을 살린다! 210

🏠 + 주거 공간과 범죄의 상관관계 214

최고의 공부 환경이란

맹모삼천지교의 진실 215 | 좋은 사회적 환경과 좋은 학습 환경은 맞닿아
있다 217

🏠 + 방을 어떻게 꾸미느냐에 따라 집중력이 달라진다? 221

세상에서 가장 시끄러운 도서관이 주목받는 이유

베스트보다 유니크! 223 | 창의력 있는 아이로 키우고 싶다면 228

🏠 + 하크니스 테이블의 비밀 231

사는 일이 곧 공부다

그 행복한 기억이 떠오를 때마다 232 | 색채 없는 삶, 빛을 잃었다면 235

🏠 + 학습 혁명을 말하다 240

자존감, 비어있던 마음의 공간 채우기

아이를 잘 키운다는 건 241 | 결과보다 과정의 즐거움을 추구하다 243

🏠 + 아이 방은 하나의 우주이다 245

잘 비워야 잘 채울 수 있다

질서 바로잡기 246 | 평생 가는 습관의 힘, 정리 정돈의 기적 248

🏠 + 정리 정돈은 훈련이다 250

아이들은 모두 천재로 태어난다

가능성의 발견 251 | 지루한 일상에 활력을! 255

🏠 + 학교의 본질은 무엇일까? 256

에필로그　공간은 교육도 바꿀 수 있다 258

네모난
학교,　　모난 아이들

요즘 나는 초·중·고등학생을 자녀로 둔 부모들에게 습관처럼 이렇게 물어본다.

"자녀가 다니는 학교에 일 년에 몇 번 정도 방문하시나요?"

"우리나라의 학교 건물이나 환경에 대해 어떻게 생각하세요?"

그러면 대부분의 부모들은 이렇게 대답한다.

"요즘 먹고살기 바빠서 애들 학교에 갈 시간이 없어요."

"학교가 뭐, 다 그렇지 않나요?"

"학교 환경이 지금보다 더 좋아진다고 해서 공부 안 하는 학생들이 공부를 더 열심히 할까요?"

부모들은 아이의 성적에는 관심이 많지만, 정작 아이가 생활하는 학교 환경에는 그다지 관심을 가지지 않는다. 그 때문인지 학부모들에게 학교 환경에 대한 이야기를 꺼내면 대개가 시큰둥한 표정을 짓는다. 그러고는 이내 성적이나 학원 등의 얘기로 화제를 돌리곤 한다.

그런데 한 가지 재미있는 사실은, 아이들이 다니는 학교 환경에는 아무런 관심이 없는 부모들이 정작 자신의 집이나 사무실, 거리나 문화 공간 등 자신들을 둘러싼 주변 환경에는 관심을 넘어 애정이 넘친다는 것이다. 그중에서도 특히 집을 꾸미는 데에는 많은 시간과 비용을 들이곤 한다. 과거에는 집을 단순히 먹고 자는 공간으로만 인식했다면 요즘은 편안한 휴식 공간이자 일상을 즐기며 나만의 개성을 발현할 수 있는 '매개체'로 생각하기 때문이다. 공간이 아늑하고 편안해야 집에 들어서는 순간 스트레스도 풀리고 마음이 편안해진다는 것이다.

이처럼 어른들에게 행복을 결정짓는 '삶의 공간'이 중요하듯이, 학생들에게는 학교라는 공간이 삶의 질에 큰 영향을 끼칠 만큼 중요하다. 학교는 '제2의 집'이라고 할 수 있을 만큼 학생들이 많은 시간을 보내는 곳이기 때문이다. 하지만 안타깝게도 대부분의 부모들은 아이가 하루의 절반, 혹은 그 이상의 시간을 보내는 학교에 대해 거의 관심이 없다. 내 아이가 하루 종일 어떤 환경에 갇혀 있는지는 관심 밖이다. 그 이유는 환경이라는 '숲'보다 성적이라는 '나무'만 보기 때문이다. 온통 성적을 올리는 데에만 관심이 쏠려 아이를 어느 학원, 어느 선생님에게 맡겨야 할지에 대해서만 고민할 뿐 정작 아이가 다니고 있는 학교의 건물이나 수업 환경에 대해서는 생각해볼 시도조차 하지 않는 경우가 대부분이다.

경관·색채 디자인을 전문으로 하는 회사를 경영하는 나는 건축, 조경, 인테리어 등에 종사하는 많은 디자이너들과 전문가들을 알고 있지만 아이러니한 것은 디자인의 중요성을 강조하는 그들조차도 학교 환경에는 거의 관심이 없다는 사실이다. 물론 몇 년 전까지만 해도 나 역시 그들과 다르지 않았다. 한 아이의 엄마이면서 디자인 회사를 경영하는 전문가였음에도 말이다. 일을 하는 대부분의 엄마들처럼 어쩌다 아이의 학교에 행사가 있을 때에만 마지못해 방문해선 행사가 끝나면 급하게 자리를 떠나는 식이었다. 그러다 아이의 학교를 처음으로 유심히 바라본 건 아이의 초등학교 졸업식 때로 기억한다.

2006년 2월, 아이의 초등학교 졸업식 때 보았던 학교의 삭막한 광경은 지금도 잊혀지지 않는다. 직사각형 콘크리트 건물에 냉기 어린 시멘트 바닥, 교실과 교실을 이어주는 칙칙한 복도, 똑같은 창문들과 흰색 페인트로 칠해진 벽. 아이들이 마음 붙일 수 있는 공간이란 그 어디에도 없었다. 또 외관은 어떠한가? 운동장 외곽에 있는 가느다랗고 뾰족한 침엽수 몇 그루와 장식용으로 몇 개 가져다 놓은 벤치는 휴식의 공간이 아니었다. 내 오감 중 어느 것 하나 감동시키지 못하는 학교는 삭막함, 단조로움, 차가움, 딱딱함 그 자체였다.

'내 아이는 이런 곳에서 자그마치 6년을 보냈구나…….'

그리고 아이가 중학교에 입학한 후, 마주친 학교 풍경에 다시 한 번 경악했다. 중학교도 초등학교와 다를 바 없었기 때문이다. 학교 건물의 재료와 디자인, 건물에 칠해진 색깔까지도 똑같았다. 그때 나는 한 가지 의문을 품게 되었다.

'왜 대한민국의 교육 공간은 천편일률적으로 똑같고, 하나같이 멋없게 지어졌을까?'

대한민국에서 나고 자란 사람이라면 대학을 가지 않더라도 보통 초등학교 6년, 중학교 3년, 고등학교 3년에 이르기까지 총 12년의 시간을 학교라는 공간에서 머물게 된다. 학교는 아이들이 감성적으로 가장 예민하고 정서적으로 중요한 유년기와 청소년기에 하루 24시간 중 평균 10시간 이상을 지내는 곳이다. 여기에서 사회화가 시작될 뿐 아니라 살아가는 데 있어 주요한 가치관이 형성되며 창의력과 상상력이 키워진다. 또한 학교는 인격을 완성시켜나가는 절대 공간으로, 지식을 쌓고 지혜를 공유하는 성장의 터전이기도 하다. 이 시기, 아이들에게 무엇보다 중요한 것은 '무엇을 경험하는가'이다. '무엇을 배우는가'도 물론 중요하지만 자존감을 갖춘 하나의 인격체로서 아이들이 '자기 자신'으로 온전히 크기 위해서는 학교가 다양한 기회를 제공하고, 개성을 꽃피울 수 있는 경험을 제공해줘야 한다.

하지만 현실은 어떤가? '입시'라는 총성 없는 전쟁을 치르고 있는 이 나라의 교육 현실은 절망적이다. '공부하는 기계'로 전락한 아이들은 몸도, 마음도 병들어간다. 물리적으로도 그렇고 심리적으로도 그렇다.

"제 머리가 심장을 갉아먹는데 이제 더 이상 못 버티겠어요."

열여섯 살의 꽃다운 한 아이가 아파트 옥상에서 자기 몸을 내던지기 전에 남긴 안타까운 절규이다. 이러한 절규에 언제까지 참으라고만 할 것인가. 지금 행복하지 않으면 미래에도 행복해질 수 없다는 걸 잘 아는 어른들이 왜 유독 자라나는 아이들에게는 "참고 견뎌라."라는 주문을 외우는 걸까. 현실이 아름답다고 속일 수는 없어도 적어도 우리 아이들이 절망이 아닌 희망을 품을 수 있게 도와줘야 하는 게 아닐까.

아이들이 즐겁고 행복하게 공부하고 올바르게 성장하기 위해선 우선 학교 환경이 달라져야 한다. 사람은 누구나 자신을 둘러싼 공간에 따라 자신을 형성시키고 사고와 행동에 영향을 받기 때문이다. 이와 관련한 연구를 하는 신경건축학neuroarchitecture은 2000년대에 들어서 새로이 탄생한 학문 분야이다. 신경건축학에서는 공간이 어떻게 인간 뇌에 영향을 미치는지 과학적으로 분석하고 연구하며 이를 바탕으로 더 나은 건축과 공간을 탐색하는데, 최근 우리나라에서도 뇌과학·심리학·인간공학·건축학 분야의 연구자들과 전문가들을 주축으로 관련 문제를 활발하게 모색 중이다.

영국의 수상이었던 윈스턴 처칠은 1960년 《타임》 지와의 인터뷰에서 이런 말을 했다. "우리가 건물을 만들지만 이 건물들은 또한 우리를 만든다." 지금 대한민국 교육계는 처칠의 말을 다시 한 번 상기해볼 필요가 있다. '건축'은 '교육'도 바꿀 수 있다. 사람은 누구나 자신이 보고 자란 환경의 지배를 받게 되어 있다. 그중에서도 학교는 아이들의 인성과 삶의 태도가 갖춰지는 최초의 사회적 공간이며 이 공간 속에서 아이들의 삶의 근본이 세워진다.

지금과 같은 삭막한 학교 환경에서 자란다면 아이들의 정서 역시 삭막해질 것은 불 보듯 뻔하다. 아이들의 공격성이나 폭력적 성향을 단지 인성이나 가정교육의 탓으로만 돌려서는 안 된다. 열악한 환경 또한 아이들의 성향에 영향을 미칠 수도 있다.

아이들이 즐거운 학창 시절을 보낼 뿐 아니라 행복한 어른으로 자라기 위해선 학교 환경이 달라져야 한다. 왜 먹고 자고 생활하는 공간인 집은 깨끗하고 안락하며 쾌적해야 한다고 생각하면서 학교는 불쾌해도 참아야 하고, 멋있지 않아도 괜찮으며, 즐겁지 않아도 견뎌야 한다고 여기는가? 주거 환경은 나날이 발전하는데 왜 학교는 그대로여야만 하는가?

이 질문들과 함께 '문화로 행복한 학교 만들기'는 시작되었다.

"우리가 건물을 만들지만
이 건물들은 또한 우리를 만든다." – 윈스턴 처칠

1부

긍정의   건축으로
다시 짓는 교육

감옥, 군대, 학교는

왜

닮 은 꼴 일 까 ?

**나는 왜 아들의
이 말에
마음이 아팠나**

하루는 중학생인 아들 녀석 승훈이가 이렇게 말했다.

"엄마, 학교가 마치 감옥 같아요."

아들의 말을 듣고 놀란 나는 혹 학교에서 무슨 문제가 생긴 것은 아닐까 하고 걱정스러운 눈빛으로 바라보았다. 지금껏 한 번도 학교생활에 대해 불평한 적이 없는 아이였기 때문에 내가 느낀 당혹감은 더 컸다. 나는 아들에게 물었다.

"왜 그렇게 생각해?"

그러자 승훈이의 대답이 이어졌다.

"시키는 대로만 하라고 하고, 매일 감시하고……. 한번씩 숨이 막혀요. 하루빨리 탈출하고 싶어요."

아마도 이런 말을 듣고 놀라지 않을 부모는 없을 것이다. 아들 녀석이 왜 이런 생각을 했을까, 그날 이후 며칠을 고민했는지 모른다. 비단 우리 아이만의 생각일까? 걱정과 불안한 마음에 중학교에서 교사로 근무하는 한 지인에게 아이의 말을 들려주었다. 그러자 그는 다 이해한다는 듯한 표정으로 고개를 끄덕이며 말했다.

"설문조사를 해보니 학생들 중 절반은 학교를 '창살 없는 감옥'이라고 생각한대요. 선생님은 간수고, 출석부는 죄수 명단이고, 교복은 수인복이라고 학생들 사이에서 공공연히 그렇게 인식되고 있는 걸요. 학교가 자신들을 통제하고 감시·감독하고 있다고 생각하는 거죠."

듣고 보니 일리가 있는 말이었다. 사실 대한민국의 학교 공간은 틀에 박힌 생활을 강요하는 군대와 놀라울 정도로 닮아 있다. 이는 학교 건축의 원형이 일본식 군대 막사에서 비롯되었기 때문이다. 일제 군국주의의 잔재로 학교 안의 공간이나 건물의 배치는 오와 열이 잘 갖춰진 통제와 효율성을 기반으로 지어졌고, 지금까지도 면면히 그 흔적이 이어졌던 것이다.

한번 생각해보라. 네모나게 규격화된 학교와 군부대는 건물 배치 면에서도 큰 차이가 없다. 군사령부–사병 숙사–연병장–사열대–위병소

학교에 갇힌 아이들. 야간 자율 학습 중인 교실 풍경.
© 김태성

로 이루어진 군부대의 배치와 교사동-강당-운동장-조회대-교문으로 이루어진 학교의 배치는 서로 비슷한 구조를 지니고 있다. 그 공간들의 가장 큰 목적은 훈육과 통제이다. 일자형 복도의 건물 구조로 이쪽 끝에서 저쪽 끝까지 한눈에 잘 들어오게 지어져 한 사람이 여러 명을 동시에 통제하고 최대한 많은 인원을 효율적으로 관리할 수 있도록 설계된 것이다. 그러니 아이들은 감시를 받고 있다는 생각에서 벗어날 수 없고, 학교가 두려움과 불편함의 상징으로 남을 수밖에 없는 것이다. 획일적으로 일사불란하게 나열된 그러한 공간 구조는 어떤 개성도, 어떤 차별성도 느낄 수 없으며, 무미건조할 뿐 아니라 아이들의 상상력 또한 자극시키지 못한다.

공간이
아이를
바꾼다

권위적이고 억압적인 '감옥 같은 학교', '군대 같은 학교'에서 과연 창의적이고 주체적인 인재가 자라날 수 있을까? 전문가들은 이런 삭막한 환경이 학생들에게 수동적인 태도를 갖게 만들어 창의력을 떨어뜨린다고 지적한다.

감옥에서 벗어나는 법

학교가 규격화된 성냥갑처럼 지어지던 근대 시기, 교육의 목표는 실상 '사람들을 체계적으로 길들여 표준화시키는 것'이었다. 근대 국가는 교육과 법을 통해 사회를 통제하고 운영했다. 이것이 가장 잘 표현된 곳이 바로 학교, 군대, 그리고 감옥이었다.

프랑스의 철학자 푸코는 공간을 구분하고 규율을 강제하는 학교는 군대나 감옥과 같이 피감시자와 감시자 사이에 '권력의 불균형'이 생길 수밖에 없는 구조라고 하였다. 이러한 권력은 매 순간 우리를 훈육하며, 강제 형식에 따라 특정한 방식으로 규율을 수행하도록 요구하고, 특정한 성격을 갖도록 강요한다고 말이다.

그간 학생들은 죄수처럼 온갖 감시와 통제 속에서 규율에 길들여지고 순응하게 만드는 교육을 받았다. 그리고 지금까지, 특히 대한민국에서는 그것을 문제 삼기는커녕 바꾸려는 시도조차 하지 않았다. 그 결과 '19세기의 교실에서, 20세기의 선생님이, 21세기의 아이들을 가르치는 현실'에 이르게 되었다.

그렇다면 21세기의 아이들에게 필요한 교육이란 무엇일까?

학교는 사람을 길러내는 공간이지, 공부하는 기계를 만드는 공장이 아니다. 학교에서 가르쳐야 하는 것은 단순히 좋은 성적을 얻기 위한 기술이 아니라 정신적, 지적, 신체적 능력을 지닌 사회적 존재로 공존하며 살아가는 법이다. 우리 아이들이 살아갈 미래는 학벌이나 스펙보다 창의적으로 문제를 해결할 수 있는 능력과 풍부한 인성을 갖춘 사람이 대접받는 사회여야 한다. 그리고 그 시작은 교육 공간의 중요함을 인식하는 데서 온다.

> "배를 만들고 싶다면 사람들에게 목재를 이리 옮기거나 저리 옮기도록 일일이 일을 지시하거나 일감을 배분하지 마라. 대신 저 넓고 끝없는 바다에 대한 동경심을 키워줘라."

『어린왕자』로 친숙한 프랑스 작가인 생텍쥐페리가 남긴 이 말은 우리가 지향해야 할 교육의 방향을 잘 말해주고 있다. 자율적이고 능동적으로 사고하는 창의적인 인재 양성은 좋은 환경과도 밀접한 연관이 있다. 넓고 끝없는 바다에 대한 동경심을 키워줄 수 있는 환경 말이다. 즉 좋은 공간을 경험하는 것 또한 교육이 될 수 있으며, 아이들의 미래를 바꿔놓을 수 있다.

🏠 ✛ 학교의 일상은 어떻게 만들어졌을까?

'미국과 기독교'의 영향으로 탄생한 우리의 학교와 교육은 일제의 식민 통치를 거치면서 20세기 초부터 일본 식으로 재편되었다. 학교 일과나 학생들의 교실 청소, 수업 전후의 종소리, 선생님에 대한 경례, 급훈, 교복 착용, 소풍이나 수학여행, 운동회 같은 행사 그리고 암기 중심 시험과 성적에 따른 등수 매기기까지 우리가 당연하다고 생각해왔던 학교의 일상 풍경은 일본에 의해 '국민 만들기'의 일환으로 '만들어진' 것이라고 해도 과언이 아니다. 복도를 주축으로 각 방들이 나열된 학교 건축 역시 매우 보수적이고 권위적인 양식으로 감시와 통제의 효율성을 극대화하기 위해 '만들어진' 표준이었다.

주거는 변하는데

왜
학교는

그 대 로 일 까 ?

거꾸로
가는
학교

내가 어렸을 때에는 동네에 있는 건물들 중 초등학교가 가장 좋았다. 일
반 주택들은 시멘트 블록에 슬레이트 지붕 등 값싼 재료로 지어진 것
에 비해 초등학교는 빨간 벽돌, 콘크리트 등 고급 재료로 지어졌기 때
문이다. 그래서 학교 건물을 볼 때마다 어린 마음에 '우리 집도 저랬으
면……' 하는 욕심과 함께 학교가 참 편안하고 안락하게 느껴지곤 했다.
 내가 다녔던 초등학교는 집에서 30분 정도 걸어가야 하는 위치에 있
었는데, 종종걸음으로 부지런히 걷다가 저 멀리서 학교가 보이면 '야!

학교다. 벌써 다 왔네!' 하는 생각에 가슴이 설레었고, 마치 그곳에 보물이라도 숨겨둔 사람처럼 가슴이 두근거려 빨리 뛰어가곤 했었다. 얼마나 좋았던지 정규 수업이 다 끝나도 집으로 돌아갈 생각도 하지 않고 친구들과 학교에서 놀면서 시간을 보내곤 했다.

"우리 도서관에서 책 빌려서 뒤뜰에서 읽고 가자."

"화단 앞에서 고무줄 놀이 할까?"

이렇게 방과 후에도 친구들과 학교에 남아서 한참을 놀다가 집에 가곤 했던 기억은 지금 부모 세대라면 누구나 있을 것이다. 그 옛날 학교는 언제나 아이들로 가득했고 무엇이든 할 수 있는 만능 장소였다. 또 학교는 누구나 자유롭게 이용할 수 있는 열린 공간이기도 했다. 축구나 농구, 혹은 개인 운동을 하고 싶을 때에도 언제든지 찾아가 이용할 수 있었다. 학교는 각종 행사가 열리는 지역 사회의 중심 공간이자 사람들과의 커뮤니티가 이루어지는 공간이기도 했다.

특히 학교에 운동회 같은 행사라도 있는 날이면 동네는 온통 축제 분위기가 되곤 했었다. 1학년부터 6학년까지 전교생을 청군과 백군으로 갈라 경쟁을 하기 시작하면, 어느새 동네 어른들까지 아이들과 한마음이 되어 청군, 백군을 응원하며 축제를 즐기곤 했다. 그 시절 학교는 축제의 공간이자 단합의 공간이었다.

우리나라에 일본식 신식 건축의 학교들이 들어선 이후로 많은 시간이 흘렀고 국가 경제도 많은 발전이 있었다. 어린 시절 내가 살았던 동네 역시 경제 성장의 여파로 정비 계획과 주거 개발이 시작되었다. 집 앞에 신작로가 생기고, 아파트와 고층 건물들이 생기기 시작했다. 사람들의 생활 방식도 달라지기 시작했고 문화나 의식주에 있어서도 많은 변화가 있었다.

그런데 희한하게도 학교 건물만큼은 마치 시간이 멈춘 듯 그대로였다. 내가 학교를 다녔던 40년 전이나 지금이나 별 차이 없이, 학교는 여전히 그 모습 그대로 그 자리에 있었다. 시간이 지나면서 바뀐 게 있다면 학생들이 각자 도시락을 싸와서 교실에서 밥을 먹던 예전과는 달리 학교 내에 급식실이 생겼다는 것과 외부에 있던 화장실이 실내로 들어왔다는 점, 또한 나무로 된 교실문이 철제로 된 현관문으로 바뀐 정도가 아닐까 싶다.

반면, 집, 빌딩, 상점이나 공공시설 등의 주거 및 생활 환경은 놀라울 만큼 많은 변화가 있었다. 단독주택, 빌라, 아파트, 주상복합 등 다양한 주거 유형들이 생겼고, 공원, 도서관, 박물관, 공연장, 주민센터, 복지관 등 이전에는 없던 공공 편의 시설들도 많이 생겨났다. 즉 생활의 편리함을 추구하는 공간들이 이전보다 많이 생기게 된 것이다. 더군다나 '디자인 서울'을 내세운 오세훈 전 서울시장 시절에는 천문학적인 비용을 들여 동대문 디자인플라자DDP, 세빛둥둥섬, 서울시 신청사 등 랜드마크 건설과 공공 시설물에 대한 표준화 사업을 진행했다. 하지만 결과는 어떠한가. 가시적인 실적에만 급급해 서둘러 진행된 '도시 성형'은

공간이
아이를
바꾼다

혈세만 낭비한 '전시 행정'이라는 오명만을 남긴 채, 정작 시민들이 디자인을 삶과 연관해서 향유할 그 어떤 경험이나 기회는 주지 못했다. 어쩌면 이 거대한 예산이 투입된 공공 디자인 활성화 사업의 최대 피해자는 학생들일지 모른다. 각종 청사나 공공 시설물은 나날이 멋지고 화려하게 발전하고 있지만 학교는 마치 시간이 멈춘 듯 그대로이지 않은가.

'21세기는 디자인의 시대다!', '앞으로는 창조 경제다!'라고 하면서 학생들에게 상상력과 창의력을 길러야 한다고 강조하는 것과는 상반되게 정작 학교 환경이나 교육 과정은 형편없다 못해 초라하기까지 한 것을 보면 자라나는 세대에게 기성세대가 너무 무책임한 게 아닐까 하는 생각마저 든다. 심미안을 보고 배우며 길러야 하는 가장 중요한 시기의 아이들에게 감성을 길러주는 교육을 하기는커녕 성장 가능성마저 빼앗고 있는 것은 아닐지 한번 생각해봐야 할 문제이다.

교실이 집보다 더 좋을 순 없을까?

만일 "우리 아이들이 하루의 절반 또는 그 이상을 보내는 학교 환경이 왜 이럴까?"라는 질문을 던지는 부모들이나 교육 관계자들, 혹은 건축

전문가들이 있었더라면 학교 환경은 절대 지금과 같지 않았을 것이다. 안타깝게도 기성세대들은 지금까지 아이들의 교육 문제나 입시에만 관심이 깊었지 학교 환경은 안중에도 없었다. 그 결과 경제가 비약적으로 발전했음에도 학교 환경은 여전히 제자리걸음인 것이다.

누구보다 관심을 가지고 개선의 목소리를 높여야 할 그들이 열악한 학교 환경을 외면하는 이유는 무엇일까? 학교가 모든 사람의 것이기도 하지만 또한 그 누구의 것도 될 수 없기 때문이 아닐까? 학교는 누구나 경험하는 공간이지만, 대부분의 사람들에게는 그저 '스쳐 지나가는 공간'이기도 하다. 학생들은 초등학교에서 중학교로, 중학교에서 고등학교로 계속해서 공간을 이동하며, 선생님들도 대부분 몇 년 단위로 학교를 옮겨가곤 한다. 따라서 대부분의 사람에게 학교란 '내 것이 될 수 없는 공간'이다. 또한 졸업을 하고 나면 다시 돌아가지 않는 공간이기도 하다. 그래서인지 많은 사람들이 학교 환경에 대해 대수롭지 않게 생각하는 듯하다.

인간은 습성상 '자기 것'에만 관심을 가지는 경향이 있다. 인간이라면 누구나 자기중심적일 수밖에 없기 때문이다. 그래서 자신이 살고 있는 주거 환경에는 애착을 가지고 가꾸는 데 비해 자신이 속해 있지도 않고 자신의 것도 아닌 학교 환경에는 아무런 관심도 가지지 않는 것이다. 따라서 시간이 흐를수록 주거 환경과 학교 환경이 하늘과 땅 차이로 그 격차가 커지게 된 것이다.

공간이
아이를
바꾼다

요즘 아이들은 학교에서 선생님의 종례가 끝나면 뒤도 돌아보지 않고 집으로 달려가기 바쁘다고 한다. 이는 학생들을 가르치는 선생님들도 예외는 아니다. 많은 선생님들이 하나같이 학교에 애정을 갖기 어렵다고 토로한다.

"하루 종일 아이들에게 시달리느라 너무 힘든데 학교 내에는 교사들을 위한 휴식 공간조차 없어요. 아이들을 가르치는 일에 보람을 느끼다가도 스트레스를 풀 만한 곳이 없으니 마치 진을 빼는 일 같다는 생각이 들 때가 많아요."

"옛날엔 학교가 동네에서 제일 좋은 건물이었죠. 그때는 모두 학교에 가고 싶어 했어요. 지금은 정반대가 되었죠. 학교 환경이 최악인데 어떻게 학생들에게 창의력과 집중력을 기대하고, 선생님들에게는 질 좋은 교육을 기대할 수 있을까요?"

특히 아침 일찍부터 야간 자율 학습을 하는 밤늦게까지 하루 종일 학교에 갇혀 사는 중·고등학교 선생님들에게 학교는 그저 '빨리 벗어나고 싶은 공간'에 불과하다는 것이다. 투철한 사명감을 가지고 일을 해도 나아지지 않는 학교 문제나 기본적인 복지조차 누리기 힘든 답답한 환경에서 선생님들 역시 학생들과 마찬가지로 일분 일초라도 빨리 그곳을 벗어나고 싶은 건 어쩌면 당연한 일이 아닐까. 그런 공간에서 과연 양질의 교육이 꽃필 수 있을까?

교육의 목적은 성공한 사람을 기르는 것이 아니라 행복한 사람을 기

"만약 학교 안에 작은 문화 공간이라도
아이들이 머물고 싶은 공간이 생기게 된다면
이야기는 달라지지 않을까?"

2012 '문화로 행복한 학교 만들기' – 영월 녹전초등학교.
중앙 현관을 휴게 공간이자 놀이 공간이 되는 복합 용도로 만들었다.
디자인 디렉터 | 신혜원
© 한국공예 · 디자인문화진흥원, 박정훈

르는 데 있다. 무엇보다 학교는 아이들이나 선생님들에게 행복한 공간이 되어야 한다. 학교는 입시만을 위해 존재하는 공간이 아니라 성장의 가능성을 키워주는 터전이기 때문이다. 삭막한 학교 공간을 행복한 교육 공간으로 거듭나게 하려면 무엇이 필요할까. 학교가 내게 어린 시절의 행복한 추억으로 남아 있는 것처럼 내 아이에게도 좋은 추억을 쌓을 수 있는 공간이 되게 하려면 어떻게 해야 할까.

만약 학교 안에 작은 문화 공간이라도 아이들이 머물고 싶은 공간이 생기게 된다면 이야기는 달라지지 않을까? 친구들과 개방된 공간에서 즐기는 경험은 어린 시절의 감각이나 감성에도 많은 영향을 미칠 것이다. 교과서 밖에서 새로운 것들을 체험하고 다양한 능력을 발휘할 수 있는 공간이 만들어진다면, 아이들은 그 속에서 맘껏 뛰놀며 자율성을 키우고 자신의 가능성을 발견할 수 있을 것이다.

나는 아이를 키우는 부모이자 디자인 전문가로서 학교 환경이 달라지는 것만으로도 아이들의 상상력과 창의력을 높일 수 있다고 보고, 이 같은 생각을 실제로 현실에 옮기기로 마음먹었다. 혼자서 꾸는 꿈은 꿈에 지나지 않지만, 여럿이 함께 꾸면 현실이 된다고 하지 않던가. 우리 기성세대들이 조금만 더 관심을 갖고 내 아이가 다니는 학교 환경을 바라본다면 분명 지금과는 다른 교육의 효과가 나타나지 않을까 기대하며, 실로 무모하리만큼 용감하게 이 일에 뛰어들었다.

🏠 ✛ 아이의 공간은 어른의 공간과 달라야 한다

어른의 경우에는 단순하고 절제된 '탁 트인' 공간이 심리적으로 더 안정되고 집중도 잘되지만 아이들이 좋아하는 공간은 후미지고 구석진 '자기만의 공간'이다. 집 안 곳곳에 이런 비밀스러운 공간이 많을수록 아이는 나름의 안정감을 느끼며, 상상력도 기를 수 있다. 아이가 창의적이고 자유로운 아이로 자라길 원한다면 그런 아지트 같은 공간을 선물하는 게 좋다. 그곳에서 아이는 혼자만의 시간을 보내면서 다양한 상상을 하거나 놀이를 하거나 책을 읽을 수 있을 것이다. 단, 멋지고 화려하게 꾸미기보다 아이의 취향을 존중한 공간으로 꾸미는 게 포인트다.

2011 '문화로 행복한 학교 만들기' – 김포 수남초등학교.
디자인 디렉터 | 이정훈
© 한국공예 · 디자인문화진흥원. 박정훈

그 렇 게   아 이 들 의

스트레스는

쌓 여 만   간다

하루는 중학생인 우리 아이가 학교에서 어떻게 생활하고 있는지 너무
궁금해서 아이를 따라 학교에 가보았다. 군대나 감옥과 교집합을 이룬
다는 그곳에서 과연 어떤 교육과 교류가 이루어지는지 내 눈으로 직접
확인하고 싶었던 것이다. 그래서 아들과 함께 등교해서 생활 동선에 따
른 하루 일과를 지켜보았다.

　높은 방음벽으로 둘러싸인 채 시야가 가려진 학교는 무척이나 폐쇄
적이고 고립된 공간처럼 보였다. 학교 정문을 지나 메마른 사막 같은

황량한 운동장을 따라 걸으면 네모반듯한 직사각형의 본관 건물이 나오는데, 그곳에는 끝이 보이지 않는 어두침침한 긴 복도를 중심으로 25평의 사각형 교실이 순서대로 놓여 있었다. 학교의 공간 구획에서부터 색깔, 조명, 가구, 실내 장식 등을 이리저리 둘러보니 정말 감옥이라 해도 믿을 수 있을 정도였다.

분단별로 질서 정연하게 줄 맞춰진 책걸상에 앉은 학생들은 모두 같은 방향을 바라보며 획일적인 동작을 취하고 있었다. 선생님이 칠판에 판서를 하거나 교탁에 서서 얘기를 하면 학생들은 노트에 필기를 하며 열심히 수업을 들었다. 각 교시가 끝날 때마다 10분간 짧은 쉬는 시간이 주어지면 대부분의 아이들은 자투리 공부를 하거나 쪽잠을 잤다. 친구끼리의 교류나 대화를 하는 모습은 거의 찾아볼 수 없었다.

우리 교육이 마치 공부하는 기계를 만드는 것만 같았다. 감수성이 한창 예민한 시기에 이런 생활을 12년이나 반복해야 한다니 얼마나 숨이 막힐까? 숨 돌릴 틈이 없이 팍팍한 생활 속에서 경쟁은 또 얼마나 심한가? 만일 지금의 내가 10대라면 이런 생활을 버텨낼 수 있을까, 아마 그렇지 못했을 것이라는 생각마저 들었다.

나는 아이들에게 학교에서 가장 하고 싶은 것이 무엇이냐고 물어보았다. 그러자 다양한 의견들이 쏟아져 나왔다.

"학교에 쉴 곳이 없어요. 비라도 오면 교실에 갇혀 있어야 해서 너무 갑갑해요."

학교라는 울타리 안에서 지금 우리 아이들은 행복할까?
© 김태성

"쉬는 시간에 친구들과 할 것이 없어요. 우리들만의 휴식 공간이 필요해요."

"공부하고 난 후 음악을 듣거나 운동이나 게임으로 스트레스를 풀 수 있었으면 좋겠어요."

10분의 쉬는 시간 동안 휴식을 취할 공간이 없다는 사실이 너무나 안타까웠다. 하루 종일 어른들이 짜놓은 스케줄에 따라 공부만 해야 하는 우리 아이들은 지친 심신을 재충전할 수 있는 자신들만의 공간을 바라

공간이
아이를
바꾼다

고 있었다. 쌓여 있는 스트레스를 해소할 수 있는 시간이 필요한 것이다. 사실 쉬는 시간만 잘 활용하더라도 재충전은 어느 정도 가능할 것이었다. 무엇보다 기본적인 학습 공간 이외에 휴식이나 놀이, 교류가 이뤄지는 공간 도입이 시급해 보였다. 쉬는 시간에 무언가를 할 수 있는 환경이 제대로 갖춰져 있지 않은 상태에서 아이들에게 정서적 편안함과 활기를 불어넣기란 어려운 일일 것이다. 이를 위해 학부모와 교사, 교육 당국이 나서서 아이들의 의견에 귀 기울이고 그들의 휴식과 재충전의 시간이 생산적으로 쓰일 수 있도록 고민하는 노력이 절실해 보였다.

아이들은
어느 장소에서
가장 행복할까?

어른들이 주로 혼자만의 시간을 통해 재충전을 하는 것과는 달리 아이들은 친구들과 함께 어울리는 활동을 통해 스트레스를 풀고 재충전을 하곤 한다. 한번 생각해보라. 아이들은 틈만 나면 삼삼오오 어울려 뭐가 그리도 할 말이 많은지 마치 전선줄에 앉아 지저귀는 참새들처럼 수다를 떨지 않는가. 어른들의 눈에는 그저 쓸데없는 잡담 같아 보일지 몰라도 아이들의 입장에선 그런 일상의 수다가 스트레스를 푸는 방법일 수 있다. 운동이나 게임, 놀이, 산책과 같은 동적인 활동뿐만 아니라 친구들과 함께하는 음악 감상이나 대화와 같은 정적인 활동 역시 아이들의 마음속에 축적되어 있는 스트레스와 압박감을 해소할 수 있는 좋은 방법이 될 수 있다. 비단 스트레스 해소 문제 때문만이 아니다. 감수성이 한창 예민한 시기의 아이들은 친구들과의 교류를 통해 사회화를 이룰 수 있고, 사람의 마음과 마음이 소통하는 법을 배울 수도 있는 것이다.

그런데 학교를 지을 때 설계자는 학생들의 이러한 생활 패턴이나 심리적 특징 등을 얼마나 고려하여 반영하고 있을까? 아마 대부분의 학교 공간 설계자는 일반 교실, 교과 교실, 특별 교실, 화장실, 복도, 현관 등을 우선순위에 두고 설계를 한 뒤 남은 공간으로 휴식 공간을 배정할 것이다. 그 때문에 휴식 공간이 있다 해도 형식적이거나 최소한의 공간이 되는 경우가 많고, 그마저도 여유가 없으면 아예 설계 사항에 넣지 않는 경우도 많다고 한다.

"아이들이 담소를 나눌 공간을 만들기 위해 교육부나 교육청에서 지원해주는 경우는 거의 없지요. 하지만 휴식 공간은 아이들의 정서를 위해서라도 꼭 필요하다고 생각합니다. 우리가 카페에서 비싼 돈을 들여 커피를 마시는 이유 역시 그 공간이 주는 분위기와 경험 때문이지 않습니까. 잔잔한 음악이 흐르는 따뜻하면서도 편안한 공간 속에서 여유를 느끼며 휴식을 취하지요. 우리는 그런 걸 다 누리면서 왜 아이들에게는 하루 종일 어둡고 차가운 회색빛 콘크리트 속에 갇혀 있으라고만

공간이
아이를
바꾼다

하는 건지……. 지금의 교육 정책은 감성을 강조하는 시대상에 역행해 아이들에게 감성적으로 중요한 공간은 하나도 주지 않고 있습니다.”

경기여고 이옥란 교장(전 서울시 남부교육지원청 교육장)의 말이다. 그는 학교가 건축된 후에는 한정된 예산 때문에 공간을 리모델링하거나 새롭게 공간을 만드는 일이 거의 불가능하다며, 아이들을 위한 공간은 학교를 설계할 때부터 계획되어야 한다고 강조한다.

아이들은 아무 생각 없이 공부만 하는 기계가 아니다. 기계가 아닌 사람이기에 ‘삶’이나 ‘우정’, ‘사랑’ 등 추상적인 문제를 고민하며, 진로와 적성을 발견하면서 그렇게 자유로이 성장해야 한다. 이러한 가능성을 품은 아이들에게 학교가 획일적이고 일방적인 교육의 장이 아니라 쌍방향의 소통과 교류의 장으로 거듭나려면 즐거운 학창 시절을 보낼 수 있도록 정서적으로 안정을 줄 수 있는 공간을 마련해주어야 하지 않을까?

학교를 둘러보면서 나는 우리 아이들에게 “공부해라!”라고 다그치지만 말고 이제부터라도 아이들이 공부로 인한 스트레스와 압박감을 해소할 수 있는 공간을 제공하고, 그들이 바른 인성과 밝고 긍정적인 마음, 꿈과 희망을 품을 수 있도록 ‘공간적 프로그램’을 만들어줘야 한다고 생각했다. 단순히 건물이나 공간을 만들어주는 걸로 끝나는 게 아니라 주변 환경을 변화시키고 나아가 아이들에게 긍정적인 영향을 줄 수 있도록 말이다. 유용하게 쓰일 때라야 그 공간은 비로소 의미가 있지 않을까.

중요한 것은 학교 자체보다 학교라는 공간이 지닌 '공간적 프로그램'
이라는 가르침을 얻은 나는 나무보다 숲을 보는 장기적인 관점에서 이
문제를 풀어나가리라 결심했다.

🏠 ➕ 오늘 행복한 아이가 내일도 행복하다

왜 우리 아이들은 학교 가는 발걸음이 무겁고, 학교를 떠올리면 절로 한숨
만 나오는 걸까? 딱딱하고 삭막한 학교 공간 속에 조금이라도 휴식할 수
있는 공간이 있다면, 아이들은 조금이라도 더 행복해질 수 있지 않을까?
행복을 느끼게 하는 교육이야말로 행복한 아이를 만들 수 있다. 행복은 미
래의 목표가 아니라 현재의 선택이다. 지금 우리 아이들에게는 아주 작은
행복이라도 자연스럽게 누릴 수 있는 한 평의 휴식 같은 공간, 색다른 놀
이 공간이 필요하다. 행복은 대학에 들어가기 전까지 미뤄야 할 목표가 아
니라 매일 몸과 마음으로 익혀야 할 습관이다.

북 유 럽 식
교 육

경쟁력의
비밀

왜 모든 학교 건물과 교실은 똑같이 네모 모양일까?

사실 자연에는 완벽한 직선이 존재하지 않는다. 자연이나 살아 있는 것들의 아름다움은 곡선에서 시작된다. 한번 생각해보라. 산, 나무, 강, 바위, 길, 인간의 몸 등 자연에는 직선보다는 곡선이 많다. 일자 모양으로 선 나무가 직선처럼 보일 수도 있으나 그 역시 자세히 보면 튀어나온 부분이 있어 직선이 아닌 것이다. 그에 반해 직선은 인공이다. 직선은 '개발'과 '성장'이라는 산업화 시대의 중요한 요소이다. 고속 이동을 위해 만든 직선 도로, 직사각형의 아파트와 건물, 들쭉날쭉한 해안선을 없애고 갯벌을 메워 만든 네모반듯한 간척지, 강의 인공 제방과 운하까지 현대 사회는 직선의 세계로 이뤄져 있다.

전문가들에 따르면 이러한 콘크리트 직선으로 둘러싸인 차갑고 딱딱한 공간들이 아이들의 긴장과 불안을 유발시킨다고 한다. 발달심리학자인 로버트 판츠Robert Fantz의 '영아의 도형지각 실험'에 따르면 신생아들은 본능적으로 각진 네모, 세모보다 둥근 원이나 곡선을 선호한다고 한다. 엄마의 품을 떠올리게 하는 안정감이 있기 때문이다. 즉 원형의 자궁에서 태어난 인간에게 '동그란 모양'의 선호는 본능과 같을 것이다. 이러한 자연의 본성을 거슬러 통제와 편리함이라는 이데올로기에 사로잡혀 아이들을 사각의 틀 속에 가둬두면 어떤 일이 일어날까. 규격화, 정형화된 직선의 공간에서 아이들의 사고와 행위 자체는 경직될 수밖에 없지 않을까.

효율적인 감시를 위해 설계된 일자형 복도는 특히 더 그러하다. 냉난방도 되지 않는 한국 학교의 복도는 단순히 교실과 외부를 연결하는 통로일 뿐 아이들이 오가며 쉴 수 있는 의자 하나 놓여 있지 않다. 긴 직선의 복도는 어떤 교류도 불가능한 장소로 이동의 기능만을 충실히 수행할 뿐이다. 게다가 주로 흰색이나 옅은 녹색을 사용하고 있어 칙칙하고 무미건조하기 짝이 없다. 조명을 더 늘리거나 화사한 색상을 쓰는 것만으로도 얼마든지 산뜻하고 활기찬 느낌을 줄 수 있는데 말이다.

공간이
아이를
바꾼다

노르웨이 오슬로에 있는 파게르보르그 유치원Kindergarten Fagerborg. 나무를 소재로 건물 한쪽 면이 솟아
오른 외관은 창의성과 친환경성에 집중하는 북유럽식 교육관을 잘 보여주고 있다.
© Vidar Iversen

　국제학업성취도평가PISA에서 늘 상위권을 유지하는 북유럽 아이들
의 교육 경쟁력은 학교 공간에서부터 출발한다고 해도 과언이 아니다.
"학교가 집보다 더 편하고 좋다."는 그곳 아이들은 학교를 배움의 장소
이자 놀이의 장소로 생각한단다. 아이들을 행복하게 하는 공간 디자인
은 어떻게 가능한 것일까?

　우선 북유럽 학교들은 대개 가정과 사회가 융합되는 교육 환경을 적

극 실천하고 있다. 교육은 민주주의와 행복과 복지의 상징으로, 학교를 '경쟁'이 아닌 '협동'을 배우는 장으로 생각하며, 좋은 시민을 길러내는 일이 가장 중요하다고 여기는 것이다. 그래서 학교 건축과 디자인에도 관심과 투자를 아끼지 않는다. 이것이 아이들의 삶의 질과도 연관이 있다고 생각하기 때문이다.

스스로 질문하고 답을 찾을 수 있도록 학교 안의 모든 공간은 다 그 쓰임새가 있게 설계되어 있다. 교실뿐만이 아니라 모든 공간이 다 배움의 터전인 셈이다. 아이들이 서로 어울릴 수 있고 편안하게 이야기 나눌 수 있는 공간으로 꾸며진 복도 곳곳에는 소파와 의자가 놓여 있으며, 계절에 따라 꽃이나 액자로 다양하게 연출된 현관은 아이들의 감수성을 키워준다. 단순한 직사각형이나 정사각형이 아닌 비정형의 공간들은 그 모양도 색깔도 다채롭다. 단순히 시설이 좋은 건물을 지어주는 게 아니라 아이들을 위한 좋은 환경을 조성해주는 것이다. 이는 학교의 고객이자 주인인 아이들을 배려한 디자인 철학이 반영된 결과이기도 하다.

핀란드에서도 세 번째로 규모가 큰 고등학교인 야르벤파Järvenpää의 아레나 내
부 모습. 아레나는 카페테리아, 토론장, 공연장 등 다목적 용도로 교사와 학생, 지
역민들이 소통하는 공간으로 활용된다.
© 김상태(강원일보 기자)

아르벤파는 먹고, 대화하며, 휴식을 취할 수 있는 카페테리아를 학교 중심에 놓음으로써 편안하고 따뜻한 학교 환경을 조성했다.
© 김상태(강원일보 기자)

북유럽 학교들은 학생들이 실내에서 자유롭게 활동할 수 있도록 복도에 겉옷을 걸어놓는 시설을 갖추고 있다.
© 김상태(강원일보 기자)

교실 책상은 토론 수업 시에 조합이 용이하도록 비정형으로 만들어진 게 특징이다.
© 김상태(강원일보 기자)

그에 반해 우리나라 대부분의 학교는 어떠한가. 상상력을 한창 꽃피워야 할 시기에 우리 아이들은 '학교'라는 이름의 네모반듯한 감옥 안에서 입시 기계로 살아간다. 이러한 상황에서 삶의 획일화, 소통의 단절, 학업 스트레스는 어쩌면 당연한 수순인지도 모른다.

학교는 그 어느 건물보다도 아이들이 행복과 희망을 꿈꿀 수 있는 공간이어야 하지만 우리의 실상은 그렇지 못했다. 건축을 하는 과정에서도 아이들의 의견보다는 경제성과 효율성을 먼저 따졌으며, 아이들을 한눈에 잘 관리하고 통제하는 것에 치중했다. 그러므로 하루의 절반가량을 학교에서 보내는 아이들이 힘들어하고 고통스러워하는 것은 당연한 결과인지도 모른다.

그동안 '문화로 행복한 학교 만들기'로 수많은 학교를 방문했는데 그 중에서도 '어떤 혁신도 교장 혼자서는 할 수 없다.'고 한 어느 교장 선생님의 말씀이 아직도 잊혀지지 않는다.

"우리 중학교에서는 운동장의 조회대를 없애고 대신 테라스를 만들어 그곳에 벤치를 두었습니다. 쉬는 시간에 아이들이 나와서 노는 모습을 볼 때면 얼마나 흐뭇한지 몰라요. 하루 종일 교실에만 앉아 있는 것보다 잠깐이라도 밖으로 나가 몸을 움직이며 휴식을 취하는 게 좋다고 생각해요. 이런 작은 여유가 1년 365일 지속된다면 분명 아이들에게도 큰 변화가 나타날 거라고 생각했습니다. 처음 교내에 버려진 회색지대를 찾아 곳곳에 아이들이 쉴 수 있는 공간을 만들자고 선생님들께 얘기했을 땐 다들 걱정하며 꺼려하는 눈치였어요. 만약 그들의 눈길이 닿지 않는 곳에서 학생들이 말썽이라도 일으키면 큰일이라고 염려했던 거지요."

이런 공간이 생겨나지 않는 것은 결국 '학생은 관리의 대상'이라는 어른들의 그릇된 사고방식 때문이다. 즉 쉬는 시간이나 점심시간에 학생들이 자유롭게 나다니면 불안해지기 때문에 아무 데도 못 가도록 관리하기 위해 공간을 만들지 않는 것이다. 학생의 안전을 보장하고 학습에 집중하라는 의미로 학교에는 늘 출입 통제용 경계 펜스가 쳐져 있고, 학교의 창문과 벽은 대개 폐쇄적으로 설계되어 있다. 갇힌 아이들은 자연히 바깥의 환경이나 서로에게 무관심해지며 의존적이고 수동적으로 변할 수밖에 없다. 물리적인 벽이 정신적인 벽으로 작용하는 것이다. 학교 안과 학교 밖이 명확하게 구분되는 이러한 닫힌 공간 속에서는 오히려 왕따나 학교 폭력과 같은 문제가 더 심각해질 수밖에 없다. 그 안에서 어떤 일이 벌어지는지 도무지 알 수 없는 폐쇄적인 공간에서는 제2, 제3의 문제가 발생할 수도 있다.

전문가들은 하나같이 학교 폭력의 문제가 아이들만의 책임이 아니라 우리 사회와 어른의 책임이라고 지적한다. 또한 폐쇄적인 공간 구조를 개방적으로 개선한다면 소통이 원활해져서, 열린 공간 안에서 친구를 따돌리고 괴롭히는 일은 줄어들 것이라고 말한다.

아이들이 행복하게 다닐 수 있고 학부모들이 마음 놓고 보낼 수 있는 학교가 되기 위해서는 무엇보다 공간의 개선과 함께 북유럽식 더불어 사는 사회 공동체로 교육의 목표가 변화해가야 한다. 이를 위해서는 외부 공간으로의 확장, 지역에 개방된 학교의 열린 교육과 프로그램이 필요하다.

'더불어'의 가치를 체득할 수 있는 공간과 상황을 우리 아이들에게 돌려주기 위해서 과연 어떤 노력들을 해야 할까?

🏠 ➕ 노르딕 교육에서 답을 찾다

집보다 더 편하고 멋진 학교

북유럽 학교들은 가정과 사회가 융합되는 교육 환경을 위해 공공 건축과 디자인에 투자와 지원을 아끼지 않는다. 교육이 민주주의의 뿌리이자 복지의 상징인 북유럽에서는 아이들에게 공공건물을 통해 훌륭한 공간 경험을 할 수 있도록 최선을 다한다. 좋은 공간에 대한 경험이 좋은 교육이라는 철학 아래, 아이들의 성장 발달에 도움이 되는 공간 디자인에 힘씀으로써 집보다 더 편하고 쾌적한 학교 공간을 제공하는 것이다.

친환경적이고 실용적이며 자율적인 문화

북유럽의 교육은 차별을 만드는 교육이 아니라 더불어 사는 삶을 위한 교육이다. 엄격한 통제와 훈육보다 정서적 교감과 소통을 중시함으로써 아이들의 자율성과 창의성을 높여준다. 획일적인 교육이 아닌, 아이 개개인의 타고난 소질과 능력을 발견하는 데 힘쓰며, 경쟁보다는 협동을 통한 발전을 가르친다. 또한 우리나라에서는 필수가 되어버린 선행 학습도 시키지 않는다. 차라리 그 시간에 산책을 즐기며 텃밭을 가꾸는 등 자연으로부터 스스로 체득하며 배우도록 아이를 독려한다.

스칸디나비아식 자녀 교육법 (출처: 영국 《더 타임스》)

- 가정의 중심은 가족 구성원 전체이다.
- 체벌이나 고성은 절대 금지이다.
- 더불어 사는 교육을 일상에서 가르쳐라.
- 자녀와 함께 종종 야외 활동을 즐겨라.
- 산책, 수영 등 잘 놀고 잘 먹는 단순한 일상을 만들어라.
- 국가로부터 최고의 지원을 받아라.
- 낮잠을 재울 때는 유모차에 태워 산책을 나가는 편이 좋다.
- 일곱 살 전에는 글 읽기를 가르치지 않는다.
- 논리와 공간지각력 발달에 좋은 블록 장난감을 사줘라.
- 성교육은 유치원 때부터 시작하라.

또
하 나 의

집을
꿈 꾸 다

"화장실이 너무 불편하다는 딸의 얘기를 듣고 관심을 갖고 보니 아직도 서
울 한복판에 이런 화장실이 있다는 사실에 어처구니가 없었습니다. 하루의
절반 정도를 보내는 학교 화장실이 한 번 스쳐가는 고속도로 휴게소에 있
는 화장실 수준의 100분의 1에도 못 미친다는 사실에 경악할 따름입니다."

2012년 5월, 중학교 화장실을 개선해달라고 호소하는 학부모의 글과
사진이 서울시 교육청 홈페이지에 게재되었다. 지저분하고 악취가 심

한 화장실은 사실 학교라는 공간이 안고 있는, 여러 개선해야 할 문제들 가운데 하나일 뿐이다.

학부모들을 경악하게 할 만한 충격적인 진실은 따로 있다. 2012~2013년도 재난 위험 시설 현황에 따르면 전국 1만 2,357개 초·중·고등학교의 123개 동 건물이 재난 위험 시설(D·E등급)로 지정되었지만 별다른 조치 없이 그대로 사용되고 있어 학생들의 안전이 심각하게 위협받고 있다. 재난 위험 시설로 분류된 E등급은 즉각 사용을 금지하고 보강 또는 개축을 해야 하며, D등급은 긴급한 보수·보강과 함께 사용 제한 여부를 결정해야 한다. 중점 관리 대상인 C등급도 1,307동이나 있어 학교 교실은 그야말로 안전의 사각지대인 셈이다.

그뿐만이 아니다. 서울시 교육청이 100개 학교를 대상으로 자체 조사를 벌인 결과 이 중 99개 학교에서 석면 성분이 검출됐다고 한다. 서울 시내 유치원과 초·중·고등학교 가운데 77.2퍼센트가 석면 건축자재를 사용했다는 통계도 있다. 싼 가격에 단열 및 보온 효과까지 좋아 최적의 건축자재로 꼽혔던 석면은 2009년 세계보건기구WHO 산하 국제암연구소에 의해 1급 발암 물질로 지정되었다. 석면은 극히 적은 양이라도 호흡을 통해 우리 몸에 들어오면 20~30년의 잠복기를 거쳐 폐암이나 폐증 같은 폐 질환이나 치명적인 악성종양을 일으키는 물질로, 그 유해성이 알려지지 않은 상태에서 학교 등의 공공건물에 다량으로 사용된 것이다. 우리나라에서도 2009년부터 석면 사용을 금지시키기는 했지만, 그 이전에 지어진 학교에 관해서는 별다른 대책조차 마련하지 못하고 있는 실정이다. 물론 노후된 시설 개선을 위한 예산이 해마다 책정되고는 있지만 턱없이 부족한 실정이며, 지원을 해줘도 늘 후순위로 밀려 학교 측이 보수나 보강에 잘 사용하지 않는 것 역시 문제이다.

어쩌면 학교가 달라지지 않는 일차적인 문제는 예산 부족이 아니라 노후된 학교에 대한 우리 사회 전체의 관심 부족이 아닐까 하는 생각이 든다. 관심이 있으면 문제를 직시하게 될 테고 이는 자연스레 예산 확충으로 이어지기 마련일 테니까 말이다. 대부분의 학부모들은 교육 기관이나 교육 관계자들만큼은 학교 환경이나 시설에 대해 책임을 지고 개선을 위해 노력하지 않을까 하고 생각하지만 이는 착각이다. 이들이 아이들의 안전이나 위생, 복지에 관해 얼마나 관심이 없느냐는 학교를 새로 건축할 때조차도 그 감독자가 명확하지 않다는 데에서 알 수 있다. 누군가가 책임지고 돌보지 않기 때문에 공사 자재를 선정하거나 공사 마무리를 할 때에 있어서도 소홀하기 십상이다. 그러다 보면 공사도 날림이 되기 쉽고, 관리도 허술해 그 피해는 고스란히 학생들에게로 돌아갈 수밖에 없다.

공간이 바뀌면
아이들도
달라진다

나는 '문화로 행복한 학교 만들기'를 준비하면서 많은 학교를 돌아보았다. 그 과정에서 과연 학교를 설계할 때 얼마만큼 학생들의 생각과 생활을 반영했는가, 하는 의문을 가지지 않을 수 없었다. 지금의 학교들은 적어도 이런 고민들이 거의 없이 지어졌다고 해도 과언이 아니다. 어떤 학교에서도 아이들이 편안함을 느낄 수 있을 만한 공간을 발견하지 못했다. 하루 중 대부분의 시간을 학교에서 보내는 학생들이 쉴 만한 공간이 하나도 없다는 것이 실로 안타까웠고, 하루 종일 책상에 앉아 공부만 하는 학생들이 가엾다 못해 불쌍하기까지 했다. 내가 만난 학생들은 이런 말을 전했다.

"집에서도 자유가 없는데, 학생들이 쉴 공간조차 없는 학교는 너무한 것 같아요. 갇혀 있는 것 같은 기분이 들어 학교에 오래 머물고 싶지 않아요."

학생들이 학교를 멀리하는 데는 다 이유가 있었다. 학교에 있는 공간이라고 해봐야 교실, 운동장, 화장실, 강당 등이 고작이며, 친구와 서로 이야기를 나누거나, 공부에 지쳤을 때 잠깐 동안이나마 위로받고 편안함을 느낄 수 있는 휴식의 공간이 전혀 없다는 것이다. 선생님들의 눈을 피할 수 있는 아이들만의 비밀스러운 공간이라고는 냄새 나고 더러운 화장실 말고는 없는 것이다.

아이들이 가고 싶고, 머물고 싶어 하는 학교로 만들기 위해서는 학교 역시 주거 공간에 뒤지지 않을 만큼 편안하고 안락해야 한다. 그런 공간을 우리 아이들에게 제공하기 위해선 우선 인식부터 바꿔야 한다. 학교가 단순히 아이들을 가르치는 공간이라는 인식에서 벗어나 아이들이 식사를 하고 친구와 뛰어놀며 소통을 하는 감성 교육의 장이라고 인식해야 하는 것이다. 그래야만 학교를 설계할 때부터 문화 공간과 휴식 공간에 대해서도 진지하게 고민하며 논의할 수 있게 될 것이다.

우리는 이제껏 학교를 집과는 별개의 공간으로 생각하며, 관심 밖의 영역으로 미뤄두었다. 나 역시도 학교는 내가 '어떻게 할 수 없는 공간'이라고 생각하며 모든 건 학교에만 맡긴 채 방관했다. 그러다 학교를 둘러보고, 학생들의 마음을 들여다보면서 이제 더 이상 관심 밖으로 미뤄두거나 방관해서는 안 된다는 걸 깨달았다. 이는 인생의 선배이자 학부모로서의 직무 유기라는 생각이 들었기 때문이다.

우리의 미래가 달려 있는 학교는 우리 모두의 책임이다. 우리의 무관심이 현재의 생기 없는 교실과 삭막한 학교 풍경을 만든 것이다. 내 아이를 진정으로 사랑한다면, 우리 사회가 지금보다 더 행복해지고 더 아름다워지길 바란다면 지금부터라도 어른들이 집에 대한 관심만큼이나 학교에 대한 관심을 가져야 한다.

집이나 사무실을 한번 떠올려보자. 깨끗하고 정리가 잘된 공간에서는 마음도 편안하고 집중도 더 잘된다. 하지만 지저분하고 어수선한 공간에서는 산만해지고 자세도 흐트러지게 마련이다. 어떤 공간, 어떤 풍경에 놓이느냐에 따라 우리 몸과 마음의 자세는 그만큼 달라지는 것이다. 공간이 치유의 효과가 있다는 것은 과학적으로 입증되기도 했다. 창밖에 자연 풍경이 보이는 병실의 환자들이 그렇지 않은 다른 병실의 환자들보다 일찍 치유돼 퇴원한다는 사실은 1984년 환경심리학자인 로저 울리히 박사에 의해 과학적으로 증명되었다. 즉 우리가 어떤 공간에 있는지가 우리 몸과 마음의 상태를 결정하는 것이다.

무너진 공교육 문제 역시 마찬가지다. 일단 학생들이 학교를 좋아해야 교육 효과가 실현될 것이다. 이를 위해서는 보다 나은 시설과 학생을 위한 공간이 필요하다. 문화를 만들고 행복을 키워가는 공간에서 선생님과 친구와 함께 자연스레 소통하고 뭔가를 함께하는 즐거움을 알게 되면 왕따나 학교 폭력과 같은 문제도 줄어들고, 학업 스트레스도 줄일 수 있을 것이다. 지금 우리 아이들에게 필요한 것은 조금이나마 마음의 여유를 찾을 수 있는 '자신만의 공간'과 숨겨진 재능과 가능성을 발휘할 수 있는 '행복의 경험'이다.

집이 '잠만 자는 공간'으로 존재하는 가정은 가족 구성원 간의 유대감이 떨어져 가족 해체로 이어질 수밖에 없듯이 학교가 '공부만 하는 공간'으로 존재한다면 경쟁과 약육강식의 정글이 될 수밖에 없다. 지덕

"아이들이 가고 싶고,
머물고 싶어 하는 학교로 만들기 위해서는
학교 역시 주거 공간에 뒤지지 않을 만큼
편안하고 안락해야 한다."

체를 고르게 길러주는 학교다운 본모습을 찾기 위해서는 우선 공간 개혁이 수반되어야 한다. 공간 개혁이 수반되지 않은 교육 개혁은 반쪽짜리 개혁에 불과하다. 공간이 바뀌어야 우리 아이들도 변한다.

🏠 ➕ 과학적으로도 입증된, 공간의 놀라운 치유 능력

미국의 환경심리학자 로저 울리히는 1984년 '병실 창으로 자연 풍경이 보일 때 환자들은 더 빨리 회복되었다.'는 내용의 실험 결과를 《사이언스》 지에 발표했다. 1971년부터 1982년까지 10년가량 창가 쪽 환자 46명을 대상으로 심장박동, 심전도, 혈압, 투약량, 진통제 종류, 입원기간과 같은 여러 건강 지표를 조사해봤더니 병실 창으로 작은 숲이 보이는 병실의 환자들이 벽돌담이 보이는 병실의 환자들에 비해 퇴원도 일찍 했으며, 진통제도 덜 먹었다는 연구 결과가 나온 것이다. 울리히의 이 논문은 공간 치유 능력의 과학적 근거를 처음으로 밝혀낸 것으로, 이를 바탕으로 건축과 공간이 인간의 뇌와 마음에 어떤 영향을 미치는지에 대한 연구가 본격적으로 시작되었다.

참고하면 좋은 책
『공간이 마음을 살린다』 에스더 M. 스턴버그 지음, 서영조 옮김 | 더퀘스트 | 2013

이제,
학교도

치 료 가
필 요 하 다

살아 있는
배움의
공간

미국 중남부에 위치한 콜럼버스 시㎡는 인구 5만여 명의 작은 도시이지만 근대 건축의 명승지이자 미국 내 가장 생기 있고 활발한 도시 중 하나로 손꼽힌다. 도시 곳곳에는 파리의 루브르 박물관 앞의 피라미드로 유명한 I. M. 페이를 비롯해 형태주의의 대가 에로 샤리넨, 백색의 건축가 리차드 마이어, 세자르 펠리, 로버트 벤츄리, 해리 위스 등 유명 건축가들의 작품이 즐비하다. 이는 콜럼버스 시에 본사를 두고 있는 커민스 엔진 회사의 재단과 주민 대표, 행정 관료가 함께 노력해온 결과라고 할 수 있다. 시민운동의 지지자이기도 했던 커민스 엔진 회사의 밀러 회장은 훌륭한 도시 공간이야말로 시민들에게 정신적으로나 육체적으로 좋은 영향을 끼친다고 보았다. 특히 자라나는 아이들을 위한 학교, 도서관, 청소년센터와 같은 공공건물의 중요성을 일찌감치 간파한 그는 이를 위해 최상급의 건축가들을 콜럼버스 시에 초대하여 건축물의 설계를 맡기고 시공을 지원해주었다. 아름답고 건강한 도시를 조성하면 그 속에서 자란 아이들 역시 감성이 풍부해지고 바르고 건강하게 자랄 수 있다고 믿은 것이다.

> "우리 모두는 집에서, 학교에서, 교회에서, 직장에서 우리 주변을 둘러싼 건축물을 보고 느끼며 살고 있습니다. 그리고 이러한 건축물을 통해 얻게 되는 감흥은 우리가 성장해감에 따라 우리의 생각이나 규범, 취향 등 삶 전반에 영향을 미치게 됩니다. 마치 어린 시절 부모님과 선생님의 가르침이 어른이 될 때까지 우리에게 영향을 주는 것처럼 말입니다."

밀러 회장이 학교 위원회에 보낸 편지를 보면 그가 교육 환경의 질적 성장을 위해 얼마나 많은 노력을 했는지, 또한 아이들을 얼마나 아끼고 사랑했는지를 짐작할 수 있다. 그의 바람에 따라 1957년 슈미트Schmitt 초등학교를 시작으로 2000년까지 커민스 재단의 지원 아래 완공된 건축물은 학교(신축 14개, 증축 6개)를 비롯하여 도서관, 교육센터, 교회,

공회당에 이르기까지 60점에 이르며, 이러한 건축물을 보기 위해 방문하는 관광객의 수는 매년 5만여 명에 이를 정도라고 한다. 콜럼버스 시가 하나의 거대한 야외 박물관이 된 셈이다. 이러한 건축 유산은 시민들의 자부심의 근원일 뿐 아니라 도시 경쟁력에도 영향을 미쳐 공동체의 발전에 기여하고 있으며, 좋은 공간에 대한 경험은 교육적 효과까지 낳고 있다고 한다.

이처럼 선진국에서는 이미 오래전부터 성냥갑같이 답답한 학교를 문화 공간으로 바꾸어나가는 작업이 이루어져왔다. 19세기의 전근대적 사회의 닫힌 교육에 대한 반성으로 1970년대부터 시작된 '열린 교육' 운동은 아이들의 특성과 개성을 살려 스스로 학습할 수 있도록 하는 것을 목표로 삼았다. 학교 공간을 기존의 폐쇄된 교실이 아닌, 복도와 교실 간의 구분을 없애거나 한 면 이상을 오픈시킴으로써 학습 공간에 유연성을 살렸으며 다양한 형태의 수업 방식이 가능하도록 했다. '학교는 사회, 사회는 학교'라는 모토 아래 학교가 지역 사회의 구심점 역할을 할 수 있도록 교사, 학부모, 지역 주민이 적극 참여하여 학교 건물 개혁을 단행한 것이다. 이는 현재까지도 이루어지고 있는 교육 혁신 가운데 하나이다.

영국 정부는 21세기에 걸맞은 새로운 교육을 위해 50년 프로젝트로 학교 건물의 최첨단 정책을 과감하게 시도해 화제를 낳았다. 영국 정부가 추진하는 '미래를 위한 학교 건설BSF' 프로그램은 빅토리아 시대 이래 가장 규모가 큰 학교 건설 프로그램으로, 영국 전역의 중등학교

3,500개의 학교 환경을 우선적으로 개선하고자 15년 동안 90조 원의 예산이 투입된다고 한다. 이 프로그램은 1997년 토니 블레어 정부가 내건 공약에 따른 것으로, 사회적 격차와 분열을 학교를 통해 개선해나가고 공공 서비스를 강화하기 위한 일환에서 비롯되었다. 교육 혜택의 고른 분배와 지역 네트워크 재생, 어린이에 대한 배려가 바로 미래에 대한 투자라고 영국 정부는 본 것이다. 이와 관련하여 영국의 학교 개혁 운동가인 샤론 라이트는 다음과 같이 말했다.

> "강력한 사회적 자본을 만들려면 학교가 지역 공동체의 중심이 되어야 합니다. 일방적인 지식 전달을 위한 획일적 공간에서 벗어나 지식의 전달, 적용, 창조, 토론, 의사결정 등 과정에 따라 학교 공간이 달라져야 합니다."

영국 정부의 예상은 적중했다. 'BSF' 지원으로 재건축된 학교에서 학생들의 품행과 성적이 모두 개선된 것이다. 특히 'BSF'의 첫 번째 대상으로 선정된 킹스데일 학교는 콘크리트가 아닌 100퍼센트 친환경 목재를 이용해 따뜻하고 발랄한 공간을 만들어내 '학교는 딱딱하고 지루한 곳'이라는 고정관념을 깼을 뿐만 아니라 학생들의 수업 태도나 학업 성취도 면에서 가장 발전한 학교로 꼽혔다고 한다. 학습 환경의 개선이 학습 태도에도 영향을 미친다는 사실을 입증한 것이다.

"학교 건물이 가르친다School Building as a Teacher."라는 이탈리아 건축가

조르지오 폰티Gorgio Ponti의 말처럼 잘 디자인된 건축은 그 자체가 교육이 된다. 배움의 공간을 잘 꾸미는 일은 단순히 장식적 효과뿐만 아니라 살아 있는 지식을 운용하는 능력과 체험의 지혜를 몸으로 배울 수 있는 출발점이 된다. 예컨대 '좋은 학교'란 겉보기에만 예쁜 건물이 아니라 지속성과 공공성, 역사성을 띠면서 학업과 인성을 기르기에 적절한 학교를 뜻하는 것이다.

내부 공간의 디자인과 관리 상태를 보면 그 학교의 운영 수준이 어느 정도인지 가늠할 수 있듯이, 디자인이란 그곳의 문화와 철학을 구성하는 원동력으로서 환경과 사람과 문화를 서로 이어주는 매개체이다. 디자인에 의해 공간의 쓰임새가 달라지고 공간에 따라 사람들의 정서가 변화되기 때문이다.

디자인이란 본질적 영혼이다

"대부분의 사람들은 디자인을 겉치장으로, 인테리어는 장식으로 생각하지만 사실 디자인이란 새로운 삶의 양식과 의미를 만들어내고 전달하는 것이며, 사람이 만든 창조물의 근원적인 영혼입니다."

건물 외벽에서 식물이 자라는 싱가포르 예술학교School of the Arts.
친환경 디자인으로 건물 외관의 심미적 기능뿐 아니라 온열 기능, 생태적 기능을 높였다.
© Heylts William

우리 시대 혁신과 창의력의 아이콘인 애플의 창업자 스티브 잡스가 남긴 말이다. 나는 이 말에 디자인의 본질이 숨어 있다고 생각한다. 스스로를 '아티스트'라고 정의한 스티브 잡스는 '애플'의 모든 제품과 서비스의 외양에 자신만의 철학과 가치를 담았다. 그에게 디자인이란 단순히 포장이 아니라, 감성과 열정으로 영혼을 불어넣는 작업이었던 셈이다. 누구나 사용법을 이해할 수 있을 만큼 단순하게, 직관적으로 제품

공간이
아이를
바꾼다

들을 디자인한 결과 애플은 디지털 시대의 라이프스타일을 좌우하는 기업으로 우뚝 설 수 있었다. 그리고 그 바탕에는 잡스 개인의 노력뿐만 아니라 사회 패러다임의 변화가 자리 잡고 있었다. 기능과 성능만을 중요시하던 관점에서 벗어나 디자인을 중요시하는 가치 체계로 시대가 점점 변화되면서 디자인에 대한 관심이 사회 전반으로 확산되었기 때문이다. 이제는 디자인을 빼놓고는 이야기할 수 없는 시대가 된 것이다.

한번 생각해보자. 불과 10년 전만 해도 우리는 너도나도 더 넓은 평수의 아파트에 사는 것을 행복으로 여겼다. 반세기 넘게 우리나라 대표 건축물로 전국에 광범위하게 지어진 아파트는 부동산 재테크의 상징으로 대한민국 거의 모든 사람들의 삶을 지배한 욕망의 근원이었다.

1층부터 꼭대기까지 모든 세대가 같은 규격과 같은 모양을 갖추고 있는 그곳은 텔레비전이 놓인 위치나 식탁이 놓인 위치까지도 하나같이 똑같았다. 모두가 똑같은 생활 공간에서 똑같은 삶의 방식으로 소유와 욕망을 삶의 중심 수단으로 삼고 산 것이다.

그런데 언제부터인지 사람들은 답답한 아파트 숲 속에서 벗어나 마당 있는 집에서 아이들과 흙을 밟으며 생활할 수 있는 공간을 꿈꾸고 있다. 물질적 풍요 속에서도 행복을 찾지 못한 사람들은 새로운 삶의 양식을 공간의 재구성으로부터 찾기 시작한 것이다. 집을 더 이상 '소유'가 아닌 '거주'의 개념으로 바라보며, 재산 증식의 수단이 아니라 사회의 틀과 잣대에 휘둘리지 않으며 주체적으로 삶을 살아갈 수 있는 방식으로 본 것이다.

그런데 한 가지 이해하기 힘든 것은 이처럼 사회 전 분야에 걸쳐 공간이나 디자인을 중시하는 경향이 커지고 있음에도 불구하고 학교 건물만큼은 여전히 제자리걸음이라는 사실이다. 학교 건물이야말로 그어떤 건물보다도 아름다우면서 편안하고, 안락해야 하는 게 아닐까. 아이들은 학교에서 보고 배운 것을 기반으로 사회로 나가서 영향력을 발휘하게 된다. 그렇다면 우리의 아이들은 지금, 학교라는 공간에서 과연어떤 것을 느끼고 무엇을 경험할 수 있을까.

이제, 아이들이 학교에서 생활하는 것만으로도 자율성과 창의성, 상상력, 서로에 대한 배려를 기를 수 있게 학교를 디자인해야 한다. 학교 디자인은 하나의 '작은 사회'를 디자인하는 것과 같다. 아이들을 둘러싼 기존 환경의 장단점을 파악하고, 각 공간에 적용 가능한 디자인 철학을 고심하는 노력이 우리에게 필요하다. 아이들에게 가장 중요한 것은 시험을 잘 치는 요령이 아닌 일생을 행복하게 살아가는 기술이지 않겠는가.

🏠 ➕ 벽 없는 교실이 왜 중요할까?

획일적인 교육 시스템에 대한 반성으로 1960년대 후반부터 영국과 미국을 중심으로 보급된 새로운 학교 건축 형태 및 학교 교육 방식인 '오픈 스쿨'

의 가장 큰 특징은 학습 공간이 개방되어 있어 출입문이나 교실 벽이 따로 없다는 것이다. 이는 아이들의 상호 교류를 가능하게 하기 위한 조치로, 아이들은 어느 곳으로나 자유롭게 이동할 수 있다. 각 교실에는 수학, 자연, 읽기와 쓰기 등의 학습 공간이 마련되어 있으며, 아이들은 각자의 흥미에 맞는 코너에서 자유롭게 공부할 수 있다. 이와 같은 교육 방식은 학습자가 학습 내용에 따라 상호 교류할 수 있어야 하고, 자주성을 존중한 학습이 이루어져야 한다는 사고방식에 바탕을 두고 있다. 교사가 주도권을 쥐고 지도하는 기존의 폐쇄된 교실 구조를 벗어나 유연성이 있는 학습 공간에서 학생 개개인이 개성과 자율성을 발휘할 수 있다는 측면에서 장점을 지닌다.

"사람은 거주함으로써 존재한다.
그 존재는 건축으로 나타난다." – 하이데거

2부

또 하나의 집,
학교

행 복 한
학교,

과연
만 들 수 있 을 까 ?

교육에 관한
관점
바꾸기

변화는 늘 그렇듯 아주 사소한 계기에서부터 시작되었다.

언젠가 유럽 출장길에 아들을 데리고 간 적이 있다. 중학교 2학년이
었던 아들의 여름방학 무렵이었다. 아들 녀석이 서유럽의 여러 유적들
을 돌아보며 세계사를 좀 더 생생하게 배웠으면 하는 엄마의 욕심에서
비롯된 일이었다. 잘 보존된 역사적인 건축물과 유적지뿐만 아니라 그
나라의 문화를 느낄 수 있는 공원, 도서관, 학교 등 훌륭한 공공 건축물
을 두루 경험하며 견문을 넓히고 생각의 폭을 넓혔으면 했다.

아들과 함께 유럽의 역사와 현재, 그리고 미래가 고스란히 스며 있는 공간들을 둘러보면서 나는 생활 곳곳에 스며든 그들의 디자인 철학과 신념에 존경과 감탄사를 연발할 수밖에 없었다. 또 한편으로는 부러움마저 들었다. 과거의 역사가 담겨 있는 건축물을 자랑스러워하며 거기에 커다란 가치를 부여하고, 또 그것을 잘 보존해서 후손들에게 물려주려고 노력하는 그들의 모습을 보면서 디자인의 경쟁력은 정부의 정책뿐만 아니라 시민들의 관심과 참여에서 나온다는 것을 다시 한 번 확인할 수 있었다. 아들 녀석도 느낀 바가 많았는지 여행에서 돌아오면서 이렇게 말했다.

"사람의 마음은 정말 환경에 따라 좌우되는 것 같아요. 특히 학교는 정말 중요한 것 같아요. 환경이 잘 갖추어져야 학습 동기도 생기잖아요. 책상 앞에 오래 앉아 있는다고 해서 공부의 능률이 오르는 것도 아닌데……. 이곳의 멋진 학교들처럼 교실에서 벗어나 자유로이 소통하고 공부할 수 있는 공간이 있었으면 좋겠어요. 그러니 엄마가 학교를 변화시켜주세요. 저도 엄마를 열심히 도울게요."

아들의 말을 듣는 순간, 나는 '바로 이거다!'라는 생각이 들었다. 단 한 명의 낙오자 없이 모든 아이들이 각자의 재능을 개발할 수 있도록 학교 공간을 디자인해야겠다고 결심한 것이다. 우선 '행복한 학교 만들기'를 위해서 내가 할 수 있는 일을 찾아보기로 했다.

사실 디자인 업계에서 이런 일을 혼자 한다는 것은 쉽지 않은 일이었다. 학교 환경의 문제점과 아이들을 위한 디자인의 중요성에 대해 공감하는 사람들은 많았지만 결국에는 예산이 문제라며 부정적인 시선을 보내는 이들도 많았다. 그들은 하나같이 예산만 넉넉하면 뭐든 할 수 있다고 했지만, 난 예산 문제 때문만은 아니라고 생각했다. 지금까지 학교 건축에 책정된 예산이 적지 않았음에도 불구하고 변화가 없었다는 것은 필시 방법에도 어떤 문제가 있었기 때문이라 생각한 것이다.

그래서 나는 관점을 바꾸어 지금까지 해오던 식과는 다른 방법으로 이 문제를 풀어나가고자 했다. 대부분의 사람들은 학교에 관한 일이라면 으레 교육부나 교육청을 찾아가야 한다고 말했지만 나는 교육의 문제를 '교육'으로 푸는 게 아니라 '디자인'으로 풀고 싶었다. 학교에 디자인을 입히고 문화를 만드는 것, 학교를 지역 사회의 중심점으로 만드는 것, 이것을 통해 아이들을 바꾸고 싶었다.

아이들을 살리는 '행복한 학교 만들기'의 시작

일단 문화체육관광부 디자인공간문화과(현 시각예술디자인과)를 찾아갔다. 문화체육관광부 디자인공간문화과는 '공간의 변화가 인간의 변화를 가져온다.'라는 철학을 기반으로 2005년 8월에 창설되었는데, 특히 나는 이곳의 슬로건이 맘에 꼭 들었다.

'아름다운 공간이 아름다운 사람을 만들고, 아름다운 사람이 아름다운 사회를 만든다.'

더군다나 디자인공간문화과에서는 2007년부터 '일상 공간의 문화 공간화' 등의 사업을 추진하고 있어서 학교라는 일상 공간에 문화를 접목시킨 공공 디자인으로 학생들의 변화를 이끌어내겠다는 계획을 가진 내게는 안성맞춤인 곳이었다. 나는 당시 디자인공간문화과의 과장이었던 한민호 씨(현 지역민족문화과 과장)를 만나 학교 공간이 달라짐으로써 학교에 대한 학생들의 부정적인 인식이 바뀔 수 있고, 공부에 대한 태도와 인성마저 달라질 수 있는 교육적인 효과가 있음을 전달했다.

"학교는 유소년기의 12년을 보내는 중요한 공간이지만, 아이들을 위한 문화 공간이나 편의 시설 등은 매우 열악한 게 현실입니다. 학교를 머물고 싶은 공간으로 만드는 것이 무엇보다 필요합니다. 이제껏 공공 디자인에서 논외였던 학교를 문화 공간으로 만들어보는 것이 어떨까요?"

뜻이 있는 곳에 길이 있다고 했던가. 한민호 과장은 아이들을 살리는 학교를 만들자는 내 의견에 크게 공감을 표했다.

"좋은 생각입니다. 아이들에게 꼭 필요한 일이지요. 저희도 추진할 수 있는 방법을 찾아보겠습니다."

다행히도 한민호 과장은 문화체육관광부에서 근무하기 이전, 중학교에서 8년 동안 짧지 않은 교편 생활을 해서인지 내가 하고자 하는 일들이 어떤 의미인지 그 핵심을 정확히 짚고 있었다. 첫 만남 후 얼마 되지 않아 한민호 과장으로부터 다시 연락이 왔다.

"하루의 대부분을 학교에서 지내는 교사와 학생들에게 일상생활 속에서 휴식과 놀이, 체험과 교류, 만남 등 다양한 형태를 제공하는 학교가 되었으면 좋겠습니다. 나아가 지역 주민들에게도 새로운 문화의 패러다임을 제공해줄 수 있는 방안을 함께 찾아보았으면 합니다."

그렇게 해서 전국 1만여 곳의 초·중·고등학교를 문화적 공간으로 바꾸기 위한 '문화로 행복한 학교 만들기' 캠페인의 아름다운 행보가 시작되었다. 오로지 공부만을 위한 학교, 성적이 중시되는 학교에 대한 고정관념을 깨고, 삭막한 공간을 생기 넘치는 공간으로, 기능적인 공간을 문화적인 공간으로 개선하기 위한 작지만 의미 있는 첫발을 내딛게 된 것이다.

🏠 ✛ 문화로 행복한 학교 만들기

문화체육관광부는 전국 1만 1천여 곳의 초·중·고등학교를 문화적 공간으로 바꾸는 사업을 민간 주도로 추진하기 위해 2008년 1월 14일에 사단법인 '문화로 행복한 학교 만들기' 설립을 인가했다. 설립 목적은 학생들의 정서적 안정과 창의력 증진, 학습 효과 향상에 도움이 될 수 있도록 유휴 공간을 개선하고 다양한 체험 활동을 통해 문화적 환경을 조성하도록 하는 데 있다. 학교 공간의 환경 개선을 위한 사업비를 지원해주는 것 이외에 학교 자체의 예산이 있는 경우에는 전문가의 디자인 컨설팅 비용을 지원해주는 방식으로 운영되며, 매년 초에 각 학교로부터 공모를 받아 연말에 공사를 마무리하는 과정으로 진행된다. 선정 방식은 1차 서류 심사 후 담당 전문가와 실사단이 학교를 직접 방문해 시급성, 학교의 열의, 지역 분포 등을 고려해 결정한다. 현재 한국 공예·디자인문화진흥원에서 이를 전담하며, 심미성·쾌적성을 높인 21세기형 학교 공간 문화를 만드는 데 많은 노력을 기울이고 있다.

http://www.happy-school.or.kr

창 의 적 인 공간이
창 의 적 인 생각을

만 든 다

사실 내가 '문화로 행복한 학교 만들기'를 진행할 수 있었던 것은 아들의 이 한마디 때문이었다. "엄마, 학교가 마치 감옥 같아요."

왜 나는 지금껏 아이들의 학교 환경에 대해 단 한 번도 생각해보지 않았던 것일까. 경관 디자이너라는 직업으로 환경을 아름답게 디자인한답시고 전국 방방곡곡을 누볐던 내 지난날이 부끄러워진 순간이었다. 내 아이가 다니는 학교 환경조차 몰랐던 내가 과연 국토를 아름답게 디자인할 자격이 있을지, 그날 이후로 마음 한편에 고민이 생기기 시작했다.

"엄마, 학교 건물은 건축가들이 디자인을 하지 않나요?"

"아니, 학교 건물도 디자인을 해서 지어진 거야."

"그런데 왜 학교는 하나같이 다 똑같아요? 우리 동네에 있는 초등학교, 중학교, 고등학교의 건물 모양이 거의 다 똑같고, 재료도 비슷해 보여요. 한 사람이 설계하고 디자인한 것처럼요. 이상하죠? 한 동네라서 그런가요?"

나는 이 질문에 또 한 번 말문이 막혀버렸다. 아이가 학교를 한 사람이 디자인하는 게 아니냐고 물어볼 만큼 천편일률적으로 지어진 네모반듯한 공간을 어떻게 설명해줘야 할지 마땅한 답이 떠오르지 않았기 때문이다. '과연 학교 설계는 누가 하는 것일까? 또 설계자는 어떻게 선정되는 것일까?' 가장 근본적인 문제부터 실마리를 풀어나가기로 했다.

**학교 건축의
평등이 부른
'하향 평준화'**

가로로 길게 늘여 있는 5층 이하의 직사각형 건물, 거기에 똑같은 크기로 빼곡하게 늘어서 있는 네모난 창문, 칙칙한 짙은 갈색의 벽돌 건물,

시멘트 블록이나 철조망으로 둘러싸인 외곽의 담장, 화강석 기둥 사이의 스테인리스 접이식 교문, 단이 높은 조회대와 조회대 옆의 향나무, 옹색하기 짝이 없는 가장자리의 수목, 드문드문 놓여 있는 벤치와 파고라, 몇 가지 운동기구들, 식수대……

전국에 위치한 1만여 개 초·중·고등학교는 어느 학교를 막론하고 이러한 요소들의 조합으로 이루어져 있다. 학생 수에 따라 건물의 수나 운동장의 크기가 다를 뿐 전체 구성은 마치 틀에서 찍어낸 붕어빵처럼 똑같다. 그래서인지 아들 녀석의 중학교를 방문했을 때에도 낯설기는커녕 오히려 익숙하게 다가왔다. 내가 어렸을 때 다녔던 학교가 떠올랐기 때문이다.

위의 구성으로 갖춰진 학교가 본격적으로 건축되기 시작한 것은 1960년대로 거슬러 올라간다. 당시는 한국전쟁 직후의 베이비붐으로 인해 학생 수가 급증하게 되면서 단기간에 학교를 짓지 않으면 안 되는 시절이었다. 내가 국민학교(현 초등학교)를 다니던 1970년대에도 수업 받을 교실이 모자라 오전반과 오후반으로 나누어 수업을 했던 기억이 있을 만큼 그 시절에는 학생 수에 비해 학교가 턱없이 모자랐다. 그때 교육청 주도하에 학교 시설의 표준 설계도가 만들어지면서 전국적으로 보급되었고, 이것이 학교 건축 획일화의 시작이었다.

"교실 하나의 크기를 가로 9미터, 세로 10미터로 정하고 가로 9미터 내에는 창문 두 개가 설치되도록 했어요. 건물 외장도 벽돌로 쌓으면서 가로와 세로 안에 들어가는 벽돌 개수를 쉽게 계산할 수 있도록 했죠. 이것을 하나의 모듈로 하여 교실을 가로로 붙이고 위로 쌓으면서 건물을 만들었어요. 학생 수에 맞게 교실 수와 교무실, 행정실, 교장실 등이 바뀌긴 하지만 대부분 정해진 모듈 안에서 만들어졌지요. 그러다 보니 학교들 대부분이 같은 크기의 교실과 동일한 시설로 구성될 수밖에 없었죠."

"학교 건물들 모두가 네모반듯한 상자 모양으로 비슷하게 지어진 이유가 뭐죠?"라는 질문에 학교 건물을 설계하는 일을 오랫동안 해온 임형건축사사무소의 박노신 부장은 위와 같이 대답했다.

기존의 학교는 저렴한 재료, 효율적인 시공, 빠른 건설 등을 기준으로 표준 설계도 안에 있는 도면을 짜 맞춤으로써 만들어져왔고, 결국 획일적이고 동일한 학교들을 전국에 양산하게 된 것이다.

대부분의 학교는 해당 지역 교육청의 계획, 설계, 발주, 시공을 통해서 건설되는데, 학교별로 개성 있는 건물을 만들기보다는 '학교는 평등하게'라는 방침 아래 형평성을 유지하는 방향으로 지어졌다고 한다. 다른 학교와 차이가 생기는 것을 우려해 다른 의견을 제시하지 않는 경우가 다반사였다고 할 만큼 획일적으로 지어진 것이다. 이는 학교 외관의 색깔만 봐도 알 수 있다. 아이러니한 것은 페인트 가격은 어떤 색이든 대동소이해서 학교마다 다양한 색을 얼마든지 고를 수 있는데도 불구하고 대부분의 학교가 마치 약속이라도 한듯 같은 색의 옷을 입고 있다는 사실이다. 물론 관계 기관에서 나름대로 학교 건축의 색채나 디자인에 대한 연구를 해왔지만 그것을 현실에 반영할 수 있는 시스템이 부재했기 때문에 지나치게 오랫동안 표준 설계 방식이 학교 디자인에 영향을 미치게 된 것이다. 또 이 방식이 저렴한 재료로 효율적으로 시공할 수 있어서 굳이 바꿀 필요성도 느끼지 못했으리라. 그 결과 학교 건물들은 30년도 채 지나지 않아 급속도로 노후하고 열악한 상태가 되었다. '빠르고 저렴하게'를 외치며 값싼 재료를 사용한 결과, 거액의 재건축 비용으로 현재 되돌아오고 있는 것이다. 석면이 함유된 천장뿐만 아니라 교실의 바닥이나 마감재, 도료 등에서도 납, 포름알데히드와 같은 인체에 유해한 물질들이 방출돼 교실 오염도가 매우 심각한 상태에 이르렀고, 이는 알레르기 비염, 천식, 아토피 피부염 같은 환경성 질환의 원인이 되기도 한단다.

이제는 '열린 교육'으로 교육 방침이 바뀌고 '오픈 스쿨'을 표방한 시범화 학교 사업의 시행으로 표준 설계의 의무 사용은 폐지되었지만 지금도 지어지고 있는 학교들을 보면 건물의 외관이나 외관 자재 이외에는 크게 변화되었다고 여겨지지 않는다. 학생 수가 줄어듦에 따라 교실 크기는 가로 8미터, 세로 8미터로 약간 줄어들었으나 옆으로, 그리고 위로 쌓는 방식에는 변함이 없다. 도시든 농촌이든 어촌이든 지역에 관계없이 공통 모듈과 동일 규격에 따라 아이들의 규격화된 일상생활을 실현하고 있는 것이다.

각 학교의 교육 철학이라든가 지역 환경의 고유함이 전혀 반영되지 않은 채 획일적으로 지어진 학교 건물들을 볼 때면 안타깝기 그지없다. 학교는 한 사람, 한 사람의 인생에도 중요한 영향을 끼치지만, 해당 지역의 얼굴이 되는 소중한 장소이기도 하지 않은가. 한번 지어지면 노후하여 사라질 때까지 인간과 오래도록 관계를 맺는, 사회적·문화적 산물인 것이다. 그런 학교가 성장의 공간이자 삶의 배경으로서 제 역할을 해나가기 위해서는 몇 가지 변화가 필요하다는 생각이 들었다. 그리고 좋은 변화는 혼자만의 힘이 아니라 여러 사람과 함께하는 과정에서 생겨나리라 믿은 나는 혹시라도 나와 같은 생각을 가진 사람들과 뜻을 모은다면 불가능해 보이는 이 일도 가능하지 않을까 기대를 걸어보았다.

🏠 ✛ 똑같은 것보다 다 다른 것이 더 좋다

건축가 배병길 선생은 한 언론 매체와의 인터뷰에서 대한민국 학교 건축에 대해 이런 말을 남겼다.

"한국의 학교 건물은 새장과 같다. 새장에 갇혀 모이를 받아먹는 새들처럼 학생이 일방적으로 주입식 교육을 받게 되는 구조이다. 창의성이나 다양성을 기를 수 없는 공간인 것이다."

그는 모교인 김천고등학교의 증축 설계에 참여하면서 기존의 전형적인 학교 건물들과는 달리, 휴게실이나 열린 공간 등을 많이 만들었다. 학생들이

대안학교이자 경기도 교육청 지정 혁신학교인 이우학교는 학생 중심의 열린 교육뿐만 아니라 학교 건축에서도 그 독특함을 자랑한다. 국내에서는 처음으로 학교 건물을 생태학적, 교육적 측면에서 접근한 이우학교는 철골 뼈대에 나무로 벽을 만든 철골 건식공법을 이용해 시멘트 사용을 최소화한 환경 친화적인 건축으로 2005년 건축가협회 건축상을 받기도 했다.
© 신동연

자유롭게 생각하고 상상할 수 있는 공간을 만들기 위해서였다. 찍어내듯 똑같은 모습의 공간 속에서는 창의성이나 다양성을 기를 수 없다고 본 것이었다. 창의성이란 한마디로 영감의 원천을 만드는 기술이다. 다양한 상상과 질문, 과감한 도전, 그리고 새롭고 유용한 것을 생성해내는 힘이다. 이러한 창의성이 발휘되기 위해서는 무엇보다 창의성을 자극하는 풍부한 물리적 환경이 수반되어야 한다. 다양한 사람들과 소통할 수 있는 공간 안에서 어떤 아이디어도 자유분방하게 표현할 수 있는 정서적 환경이 마련되어야 하는 것이다. 자율적으로 학습하는 분위기가 형성될 때 창의성은 꽃필 수 있다. 그때 아이들도 비로소 자신만의 고유의 색을 내기 시작할 것이다.

지금 학교는

누가 설계하고
누가 짓는가?

학교의
주인은
누구인가

아마 대부분의 학부모들은 누가, 어떤 방식으로 학교를 설계하고 짓는지 잘 모를 것이다. 아니, 이 부분에 대해서 특별히 생각한 적도 없을 것이다. 보통의 학부모들은 그저 내 아이가 공부 잘하고 아무 탈 없이 학교생활만 잘하면 그만이라고 여기기 때문이다. 나 역시 예전엔 그랬었다. 그런데 나는 이러한 교육 공간에 대한 학부모들의 무관심이 획일적인 학교 모델을 암묵적으로 지지하고 용인하여 다음과 같은 세 가지 문제점이 나타나게 된 원인이 아닐까 생각한다.

첫째, 학교를 계획하고 설계하는 과정이 체계적으로 확립되어 있지 않다. 둘째, 설계하는 기간이 매우 짧아 학생들의 눈높이에 맞는 설계가 어렵다. 셋째, 다양한 입장의 관계자가 함께 참여할 수 있는 시스템이 구축되어 있지 않다.

이와 같은 문제점들을 해결하기 위해서는 학교 건축에 있어 새로운 프로세스를 확립해야 하며 다양한 분야의 사람들이 참여할 수 있도록 해야 한다. 어떤 공간에 살며 어떤 건축을 경험하는가에 따라 인간의 삶은 변화할 수 있다. 즉 아이들이 생활하는 공간을 어떻게 만드느냐 하는 문제는 아이들의 삶을 변화시킬 수 있는 매우 중요한 요소가 될 수 있는 것이다. 그러므로 교사나 학부모, 지역 사회 등에서 학교 공간 개선에 관심과 책임감을 가지고 학교를 지역 커뮤니티의 중심으로 만들고자 노력해야 한다고 생각한다. 행복감과 자부심을 느끼는 공동체로서의 학교로 만들기 위해서 말이다.

우선 나는 학교가 설계·시공되는 과정부터 살펴보았다.

일반적으로 학교 설계자 선정은 수의 계약, 공개 입찰, 현상 공모 등으로 진행되는데, 공개 입찰은 또다시 일반 입찰과 제한 입찰로 나뉜다. 설계비가 2,000만 원 이하인 경우에는 특정인을 지정해서 일대일로 진행할 수 있는 수의 계약 방식이 가능하고, 2,000만 원 이상이면 공개 입찰 방식으로 진행해야 하는데, 수의 계약을 하더라도 누가, 언제, 어느 학교를 얼마에 진행하는지에 대한 모든 정보는 투명하게 공개 된다고 한다.

학교 설계에는 자격을 갖춘 모든 건축사들이 다 참가할 수 있지만 공사 규모가 큰 경우에는 작업 실적이 많거나 공사 금액이 큰 학교 설계에 대한 일정 수준 이상의 경력을 갖춘 업체만이 참가하도록 자격을 제한하는 제한 경쟁 입찰을 하는 경우가 많다고 한다. 설계자를 공개로 모집하는 현상 공모는 2012년을 기준으로 1개의 학교만 진행되었을 정도로 거의 없다고 해도 과언이 아니란다. 학교 설계도가 완성되면 그 도면에 따라 학교를 짓게 되는데, 국공립학교는 대부분 수의 계약, 공개 입찰, BTL(Build-Transfer-Lease, 민간이 공공 시설을 짓고 정부가 이를 임대해서 쓰는 민간 투자 사업 방식)에 의해 학교가 지어지게 된단다. 또한 시공에서도 설계와 마찬가지로 2,000만 원 이하인 경우에는 수의 계약으로 할 수 있고, 2,000만 원 이상이 되면 공개 입찰을 해야 한다고 한다.

그런데 여기서 문제가 하나 발생한다. 학교 설계자나 시공사를 결정하는 데 있어 가격 입찰에 따른 적격자를 선정하다 보니 설계자의 역량이나 시공의 품질을 보장하기가 사실상 어렵다는 점이다. 게다가 학교 건축에 있어 공급자의 뜻과 예산상의 문제가 가장 중점적으로 고려되는 것이 현실이어서 실제 사용자인 학생들의 편의는 고려하지 않는 경우가 생기게 되는 것이다.

만약 학교 화장실 개선 공사를 한다고 했을 때 설계자는 실제 사용자의 요구나 문제들이 무엇인지 충분히 파악하지 못한 채 가격에만 맞춘

보편적인 설계와 성급한 공사 진행으로 마무리할 수밖에 없는 것이다. 따라서 정작 학교 시설을 개·보수했다 할지라도 실용성이 떨어지는 문제가 당연히 생길 수밖에 없다. 이는 낮은 설계비만을 평가 대상으로 하고 작업의 질이나 역량은 전혀 고려하지 않은 결과이기도 하다.

사실 경쟁 입찰 방식의 가장 큰 문제점은 입찰자의 역량을 평가하는 기준이 모호하다는 것이다. 기준이 딱히 정해져 있는 것이 아니다 보니 '낮은 비용'을 제시하는 곳이 유리한 셈이다. 결국 제한된 예산의 경제성 논리가 또 다른 획일적인 학교를 만들고 있으며 이를 조장하는 것이 입찰 방식에 있다고 볼 수도 있다. 물론 가격을 기준으로 둔 입찰 방식은 비리에서 자유롭고 공정성과 투명성을 지키는 방식임에 분명하지만 능력 있는 설계자나 시공사를 선택하거나 공간의 질을 담보하기에는 분명 거리가 있어 보인다. 요즘 들어 입찰 응모만을 전문적으로 대신해주는 브로커들이 등장한 것을 보면 더더욱 그러하다.

**학교의
주인은
학생이다!**

국민의 세금으로 지어지는 공공 시설은 특정 소수만을 위해 존재하는

공간이
아이를
바꾼다

공간이 아니다. '공공'이라는 이름을 단 건축은 책임질 주인이 없다는 뜻이 아니라 시민의 일상을 함께하는 문화 자산이자 문화 콘텐츠가 되어야 한다는 뜻이다. 학교 역시 마찬가지이다. 보다 많은 사람들에게 건축을 통해 공익을 실현하기 위해선 설계 단계에서부터 지나칠 정도로 세심한 고민과 검토가 이루어져야 한다. 다시 말해 경제적 효용성만 따져서 학교를 지어선 안 된다는 말이다. 특히나 학교 건축은 별다른 견제 기구 없이 설계 및 시공 허가에서부터 감독까지 교육청이 다 맡아왔기에 여타의 건축물보다 발전이 더딜 수밖에 없었다는 것을 잊지 말아야 한다. 그리고 더 큰 문제는 학교를 사용하는 아이들이 학교생활에서 도대체 무엇을 원하는지 전혀 주의를 기울이지 않은 채 겉보기만 그럴듯하게 설계를 했다는 것이다.

한 학교 건축 담당자는 이렇게 안타까움을 표시했다.

"설계가 끝나면 색상이나 자재를 선택하거나 결정하는 권한은 학교에 드립니다만 그것도 학교 운영 위원회나 교사들에게만 국한되어 있습니다. 학생들을 포함시키는 경우는 거의 없다고 볼 수 있습니다."

학교의 실사용자이자 주인은 학생들이다. 그럼에도 불구하고 학교를 지을 때 학생들의 요구나 의견 사항을 듣는 과정이 없다 보니 학교 내에서 불편한 곳이 한두 군데가 아니고, 결국은 '머물고 싶은 학교'가 아닌 '떠나고 싶은 학교'가 되는 것이다.

한 나라의 미래를 알려면 그 나라의 학교 교실을 가보라는 말도 있듯

'집처럼 편안하고 쾌적한 공간'을 현실화시킨 하카타초등학교.
© Kenta Mabuchi

이 학교는 우리 사회의 미래이자 우리 아이들의 미래이다. 즉 자라나는 아이들에게 긍정적인 영향을 미칠 수 있는 행복한 공간을 제공해줄 의무가 있다는 얘기이다.

이제부터라도 천편일률적인 학교 건축에서 벗어나려면 관습적인 방식에 의해 양산되어온 학교 만들기가 아닌 근원적인 숙고와 열린 논의를 바탕으로 사용자인 아이들을 배려한 학교 만들기가 우선시되어야 할 것이다. 함께 참여하고 만드는 과정 역시 행복한 학교 만들기로 말

공간이
아이를
바꾼다

이다. 그것이 나아가 훈육과 통제로만 이루어진 경직된 우리 교육 시스템을 바꾸는 계기가 되지 않을까.

🏠 ✛ 학교를 다시 만들자

일본 최고의 학교 건물로 손꼽히는 후쿠오카 시립 하카타초등학교는 2001년 개교한 이래 학교 건축에 관심이 있는 사람들의 방문이 끊이지 않는 곳이다. 건축가 구도 가즈미는 '학교는 아이들이 편안함을 느낄 수 있도록 지어져야 한다.'는 생각으로 기존의 표준 설계에 의한 편복도 일자형 교사와는 전혀 다른 학교 공간을 구성했다. 다양한 형태의 교실에서부터 '표현의 무대'라 불리는 계단식 소극장, 알코브(구석진 작은 골방), 런치 스페이스, 옥상 정원 등 학습 공간뿐만 아니라 식사를 하고 친구와 놀고 휴식도 취하는 생활 공간으로서 학교를 설계한 것이다. 하카타초등학교의 성공은 일본 내에 학교 건물을 쇄신하자는 바람을 불러일으킴으로써 현재 일본에서는 이러한 오픈 스페이스형 학교가 공교육의 대안으로 많이 적용되고 있다.

문 화 로
행복한 학교,

디 자 인 으 로
행복한 교육

우리 아이,
이런 학교에
보내고 싶다

아이들을 위한 학교 공간의 변화를 이끌어내기 위해선 많은 사람들의
관심과 협조가 필요했다. 나는 이 일에 함께할 수 있는 전문가들부터
모으기 시작했고, 다행히 뜻이 맞는 사람 몇몇과 의기투합하여 이 프로
젝트를 이끌어가자고 결의했다. 일단 사단법인 '문화로 행복한 학교 만
들기'를 설립하기로 한 우리는 2008년 1월 14일에 문화체육관광부에
사단법인 설립 인가 신청을 냈고 얼마 안 있어 인가가 났다.

한 아이의 엄마이자 디자이너로서 애 키우고, 일하고, 살림하며, 평범

하게 살아온 내가 이런 일을 하게 될 줄은 꿈에도 몰랐지만 더 이상 지금과 같은 비교육적 환경을 바라보고 있을 수만은 없었기에 기왕 뛰어든 김에 적극적으로 나서보기로 다짐했다. 그동안 어느 누구도 시도하지 않았던 일이었기에 쉽지 않을 것이라는 예상도 했다. 내심 도와주기는커녕 반대하지나 않을까 하는 걱정도 많았다. 그러나 생각지도 못하게 많은 사람들이 이 일에 동참해주었다. 참여한 사람들이 바라는 것은 딱 한 가지였다. 학교 공간을 문화적 공간으로 탈바꿈시켜 소통의 장이 되게 하고, 이를 통해 '미래를 위한 학교'로 혁신시키고자 하는 것.

이를 위해 우리는 가장 먼저 '문화로 아름답고 행복한 학교 만들기'라는 슬로건을 정했다. 학교의 공공 디자인 프로젝트를 대표할 수 있는 슬로건을 정하고 나니 앞으로 해야 할 일을 정하고 추진하는 일만 남아 있었다. 우리는 일단 학교가 지향해야 할 앞으로의 대안을 제시하기 위한 키워드인 '커뮤니티'를 통해 학교의 문화적 공간 조성을 위한 다양한 아이디어들을 만들어내고자 했다. 그리고 다음과 같은 원칙을 정했다.

첫째, 학생들의 의견을 적극적으로 받아들인다.

지금까지는 학교를 지을 때 대부분 사용자의 의견이 배제되었다. 물론 학교를 새로 지을 때에는 아직 학생들이 없으므로 의견을 물을 수 없는 게 당연하지 않느냐고 할 수도 있겠지만 한번 생각해보라. 주변 학교의 같은 연령대 학생들의 성향이나 의견 등을 참고할 수도 있고,

그 외에도 여러 방법들이 있을 수 있었을 텐데도 그런 사례가 한 번도 없었다는 것은 문제이지 않은가. 굳이 신설 학교의 예를 들지 않더라도 기존 학교의 리모델링이나 개·보수를 하는 경우조차도 학생들의 의견은 언제나 뒷전이었다. 학교의 주인이자 사용자는 학생인데도 불구하고 말이다. 이에 우리는 건축 설계나 리모델링 시 철저하게 학생들의 생각과 의견을 바탕으로 만들어나가기로 했다.

둘째, '커뮤니티로서의 학교', '모두가 함께 만드는 학교'라는 화두를 던지며 그것을 실행할 수 있는 프로그램을 제안한다.

단지 하나의 학교 공간을 만드는 것이 아니라 학교 공간을 만들어가는 과정이 중심이 되는 프로그램을 만드는 것이다. 즉 함께 만들어가는 공간이라는 개념의 '프로세스 디자인'이다. 학교 공간을 직접적으로 사용하는 학생, 교사를 비롯하여 학부모 및 지역 주민들이 직접 참여해서 학교 공간을 어떻게 만드는 것이 좋은지에 대한 의견을 각자 내고 조율하면서 학교 공간을 직접 디자인해나가는 것이다.

이 두 가지 원칙을 지켜가며 공간을 바꾸는 것, 그것이 우리의 목표였다.

공간이
아이를
바꾼다

디자이너들, 학교로 등교하다

2008년 1월 4일, 지방 도시의 작은 학교에 내로라하는 건축가 및 색채, 조명, 조경 디자이너들이 모여들었다. 우리 아이들의 인성과 사회성, 인간관계의 기초가 형성되는 학교 환경이 너무도 열악하다는 사실에 다들 공감하며, '문화로 행복한 학교 만들기'를 위해 각자 바쁜 일들을 뒤로 미루고 자리를 함께한 것이다. 그렇게 '학교 만들기' 프로젝트가 본격적으로 시작되었다.

'문화로 행복한 학교 만들기' 프로젝트는 단순히 학교의 부족한 시설 보완에만 목적이 있는 것이 아니라 학교를 둘러싼 다양한 영역의 관계자와 사용자가 한데 어울려 아이디어를 내고 토의해서, 스스로 직접 'DIYdo-it-yourself'로 학교를 구상하고 설계하며 바꾸는 과정에 참여하게 만드는 데 목적이 있었다.

이를 위해 우리가 제일 먼저 한 일은 교사, 학생, 학부모 등을 대상으로 프로젝트에 참여할 지원자를 찾는 일이었다. 특히 교사들은 이 사업의 취지에 크게 공감하며 적극 동참해주었는데, 감사하게도 교사들의 적극적인 참여로 인해 학생들과 학부모들까지, 많은 참가자들을 어렵지 않게 모을 수 있었다. 참가자들이 정해진 후에는 학교에서 개선이 필요한 공간별로 학생, 교사, 학부모, 지역 주민을 골고루 섞어서 팀을 구성했다. 참가자들에게는 자신이 좋아하는 공간 또는 희망하는 공간을 기준으로 팀을 선택할 수 있게 했고, 특별히 교사에게는 팀장의 역할을 수행하게끔 임무를 주었다.

각 공간별로 무엇이 필요한지에 대해 이야기를 나누기 위해 5주에 걸쳐 모임을 가졌는데, 그렇게 적지 않은 시간을 들인 까닭은 사용자 참여를 체계적으로 도모하기 위해서였다. 그 과정에서 나온 의견들을 모아서 전문가들이 도면을 그리는 형태로 프로그램이 진행되었다. 일주일에 한 번, 워크숍 형식으로 진행된 모임에서는 지난주에 했던 일에 관해 서로 의견을 나누고, 다음 주에 할 일을 미리 정하면서 작은 것 하나라도 빠트리지 않기 위해 다들 한마음 한뜻으로 노력했다. 그렇게 만남이 거듭될수록 학교는 우리가 꿈꾸던 모습으로 바뀌어가기 시작했고, 학생, 교사, 학부모 사이에서도 큰 변화가 생겼다. 소통을 통해 서로 간의 공감대를 형성하며, 이해의 폭을 넓힐 수 있는 계기가 된 것이다.

🏠 ➕ 빌 게이츠가 꿈꾸는 미래 학교는 어떤 모습일까?

빌 게이츠는 마이크로소프트MS, Microsoft 회장 시절, '미래 학교School of the Future'를 세웠다. 미국 공교육의 고질적인 문제점인 낮은 졸업률, 학력 저하 등을 해결하고자 필라델피아 시 교육청과 협력을 통해 저소득층 주거 지역에 학교를 설립한 것이다. 교과서 대신 태블릿 PC와 터치스크린 테이블 등 MS의 첨단 IT 기기를 활용해 새로운 학습 모델과 학교 환경을 제공했고, 교육 과정 역시 토론 위주의 문제 해결 방식으로 바꿨다. 그 결과는 놀라웠다. 2011년 첫 졸업생 전원이 대학에 진학하는 성과를 거둔 것이다. 과거 이 지역의 학생들은 80퍼센트가 수학에서, 59퍼센트가 독해에서 낙제를 받을 만큼 학습 흥미도가 낮았는데, 학생들 스스로가 문제를 해결하고 성취감을 느낄 수 있도록 교육 방식과 환경을 바꾸자 그들의 가능성이 꽃을 피운 것이다. 이처럼 기술을 기반으로 한 MS의 미래 학교는 '무너진 공교육을 살렸다'는 평을 받으며, '교육 3.0' 시대의 희망으로 전 세계 학교의 혁신을 주도하고 있다.

아이들이

진 짜
바 라 는

공간이란

| 벽 없는 교실,
| 교실 없는
| 학교

어른들은 아이들의 입장에서 생각하며 아이의 자율성을 키워주는 것에 인색할 때가 많다. 아이들과 소통을 어떻게 해야 할지 잘 모르기 때문이다. 그럴 때 나는 학부모들에게 집 안의 작은 공간이라도 아이들의 의견을 담아 함께 꾸며보라고 권하는 편이다. 부모와 자녀 간에 공통 화젯거리가 생겨서 친밀함을 느낄 수 있기 때문이다.

  학교를 설계할 때도 마찬가지이다. 무엇보다 아이들과의 소통이 제일 중요하기에, 우리는 본격적으로 학교를 설계하기에 앞서 강당으로 아이들을 불러 모았다.

"여러분, 학교가 어떤 공간이 되었으면 좋겠어요?"

그동안 학교 공간에 불만이 많았던 탓일까, 아이들은 쉴 새 없이 자신들의 생각을 쏟아내기 시작했다. 너무 많아 일일이 받아 적기도 힘들 정도였다.

"학교가 어둡고 딱딱한 느낌이에요. 활기차고 친근한 느낌이 나도록 바꿔주세요."

"작품이나 그림을 감상할 수 있는 공간이 있었으면 좋겠어요. 문화생활을 할 수 있도록 말이죠."

"음악을 듣거나 영화를 볼 수 있는 공간이 있었으면 좋겠어요. 춤을 추거나 게임을 할 수 있는 공간도 있었으면 해요."

"운동장에 나무나 꽃을 많이 심었으면 좋겠어요. 앉아서 쉴 수 있는 벤치도 많이 설치해주세요."

"학생들이 스스로 무언가를 할 수 있는 공간을 많이 만들어주세요."

"교사용 화장실만 좋은 것은 불공평해요. 학생 화장실도 산뜻하게 만들어주세요."

"답답할 때마다 올라가 쉴 수 있게 옥상에 휴식 공간을 만드는 건 어떨까요?"

"학부모나 선생님들이 원하는 학교가 아닌 학생들이 바라는 학교를 만들어주세요."

지루한 교실이 밝고 자연친화적인 공간으로, 아이들의 꿈과 희망을 담아 만든 문화교실 어울자리.
2010 '문화로 행복한 학교 만들기' – 순천 성남초등학교.
디자인 디렉터 | 오영욱
© 한국공예 · 디자인문화진흥원, 박정훈

듣다 보니 전문가인 내가 생각지도 못했던 의견들도 많았다. '아직 어린아이들인데 뭘 알기나 할까.'라고 잠시나마 의구심을 표했던 건 어른들의 큰 착각이었다. 아이들의 정서적인 반응이나 요구의 수준도 굉장히 높았고, 디자인에 대한 관심 또한 상당히 높았다. 아무래도 학교를 직접 사용하다 보니 설계자가 알기 힘든 세세한 부분에서까지 빈틈이나 허술한 점을 발견할 수 있었으리라.

"여러분, 그럼 이제는 여러분들이 원하는 시설을 만들 수 있는 공간을 함께 찾아봅시다. 여러분이 직접 학교를 둘러보고 어디를 바꿨으면 좋을지 의견을 내주세요."

최대한 학생들이 바라는 공간으로 만들기 위해 프로젝트 팀은 학생과 교사들의 도움을 받아 학교의 구석구석을 함께 살펴보았다. 여기저기서 아이들의 목소리가 들려왔다.

"어? 여기 어학실이 있었네? 사용하지도 않는데, 이걸 다른 용도로 바꿔보면 어떨까?"

"빈 교실에 쌓인 책상과 의자들만 치워도 휴식 공간을 만들 수 있겠다. 거기에서 다 함께 영화를 보거나 음악을 감상하면 좋겠다."

"이런 어둠침침한 곳에서 상담을 받으면 오히려 하고 싶은 말도 제대로 하지 못할 거 같지 않아? 뭔가 편안하고 쾌적한 곳에서 상담을 받았으면 좋겠어."

"아침에 등교할 때마다 가장 먼저 보이는 1층 현관이 밝고 멋있었으면 좋겠다."

"복도는 왜 하나같이 똑같지? 층마다 다르게 장식하면 어떨까? 의자도 있었으면 좋겠다."

"여기는 숨이 탁 트이네! 멀리 산도 보이고. 이런 데다 벤치를 둬도 좋겠다. 옥상에 꽃과 나무를 심어놓고, 휴식 공간을 만들어도 좋고."

"화장실의 손 씻는 곳과 걸레 빠는 곳을 멀찍이 떼어놓으면 좋겠어. 백화점처럼 화장실에 파우더룸이 있거나 음악이 나와도 좋겠어."

자기 손으로
만들어가는
즐거움

대학에 다니던 시절, 설계 수업을 강의했던 교수님은 어떤 공간을 설계하게 되면 늘 가장 먼저 현장 조사를 실시해야 한다고 가르쳤다. 현장 조사 항목에는 위치, 배치, 규모, 주변 현황, 이용자, 이용 시간 등이 있었지만, 사실상 현장에 직접 가서 조사를 한다 해도 직접 겪어보기 전에는 현장에 대해 속속들이 알지 못한다는 걸 실제 일을 하고 나서야 알게 되었다. 그런 면에서 사용자들은 전문가들이 놓칠 수 있는 사소한 부분까지 꼼꼼하게 체크할 수 있기에 설계하기에 앞서 최대한 이들의 협조를 구하는 것이 중요하다는 사실도 알게 되었다. 나는 이번 프로젝트에서 학생들이 현장 조사하는 모습을 지켜보면서 학교를 설계할 때 왜 학생들의 말에 귀를 기울여야 하는지, 왜 학생들이 직접 참여하는 것이 중요한지 그 이유를 다시금 확신할 수 있었다.

전문가들은 학생들의 다양한 의견을 토대로 공간 디자인을 해나갔

공간이
아이를
바꾼다

고, 콘셉트도 정해졌다. 가 팀들은 그동안 자신들이 조사한 내용 중에서 무엇을 반영할지 고민하며 서로 의견을 조율해나갔다. 각자가 내놓은 아이디어를 취합하고, 도면에 필요한 공간과 필요한 시설을 학생들에게 그려보라고 했다. 직접 자신들의 손으로 학교를 디자인하는 일이 즐겁고 신이 났는지, 학생들은 쉴 새 없이 질문을 던지고, 열심히 자료를 찾는 등 최선을 다했다. 그렇게 학생들을 위한 '문화로 행복한 학교 만들기' 프로젝트는 일사불란하게 진행되었다.

"선생님, 여기에 평상을 그리려고 하는데 어떻게 그리면 되나요?"

"선생님, 제 생각을 이렇게 그렸는데, 전문가들이 이해할 수 있을까요?"

나는 이것이 바로 '자기 주도 학습'이라고 생각한다. 지금 하고 있는 일에 열정을 담을 수 있을 때 '자기 주도 학습'은 절로 해결된다. 아이들은 학교를 꾸미는 일에 참여한 적도, 그와 관련하여 그 무엇도 배워본 적도 없었지만 "못한다."라는 말은 결코 하지 않았다. 어려운 부분이 생기면 어떻게 하는지 전문가에게 물어가면서 결국 스스로 문제를 해결해냈다. 기발한 아이디어도 많았고, 불가능한 아이디어도 꽤 있었지만 전문가들은 아이들의 의견을 최대한 존중하기 위해 그 의도를 파악하고 다른 대안을 찾아주는 등 노력을 아끼지 않았다.

팀별 발표가 끝나고 전문가와의 협의를 통해 공간 구성이나 공간 요소 등을 정한 후 색채, 형태, 재료 등을 결정했다. 그리고 열 달 후, 학생들이 직접 디자인에 참여한, 세상에서 단 하나뿐인 특별한 공간이 완성되었다. 이곳은 그야말로 각자의 꿈과 열정, 그리고 소중한 추억이 담긴 특별한 공간이었다. 학생들과 선생님들이 서로 공감하고 소통할 수 있도록 도와주는 공간, 그런 행복한 공간 말이다.

나는 학생들과 선생님들, 그리고 전문가들이 참여해서 직접 디자인한 학교 공간을 보면서 가슴이 설레다 못해 벅차오르는 것을 느꼈다. 학생들은 그곳에서 꿈을 키워갈 것이고, 선생님들은 학생들과 공감하며 소통할 것이다. 자기 손으로 직접 디자인한 학교에서 수업을 듣는 학생들의 미래는 분명 장밋빛으로 채색되리라고 나는 확신했다. 공사가 끝나고 자부심에 찬 학생들의 목소리가 여기저기서 들려왔다.

"선생님, 저 졸업 안 하면 안 돼요? 학교에 오래오래 남아 있고 싶어요."

"이제 우리 학교도 다른 학교에 다니는 친구들에게 자랑할 수 있게 돼서 너무 좋아요."

🏠 ➕ "여기가 호텔이야, 학교야?" 비트라 학교

스웨덴에는 호텔을 방불케 할 정도의 최신 시설을 자랑하는 학교가 있다. 바로 '벽 없는 교실'을 모티브로 설계된 대안학교인 비트라Vittra이다. 스웨덴 전역에 30개가 설립된 이 학교는 개인 레벨에 맞는 그룹 수업을 통해 다양하고 특성화된 교육이 이뤄지는 곳으로 유명하다. 모든 수업은 칠판 대신 웹을 통해 자유롭게 진행하는데, 정해진 틀에 아이들을 맞추는 것이 아니라 아이들의 생활 속에 교육이 스며들게 만듦으로써 단순히 교실의 벽을 허문 것뿐만이 아니라 살아가는 매일이 학습이라는 것을 보여준다.

비트라 학교의 교육 시스템 (출처: http://www.vittra.se)

- 학생 개개인에게 가장 적합한 방식의 교육을 찾는다.
- 모든 배움은 경험을 기반으로 해야 한다.
- 학생이 자신의 능력을 신뢰할 수 있도록 교육한다.
- 의사소통 능력을 기르고 서로를 존중할 수 있게 한다.
- 정해진 수업 시간 대신 학생 개개인의 리듬에 따라 학습하고 휴식한다.
- 국제적 환경에서 공부하고 일할 수 있는 능력을 기른다.
- 학년의 개념 없이 학생들은 능력에 따라 알맞은 수준의 교육을 받는다.
- '수업'이 학습의 중심이 아니라 '프로젝트'가 모든 교육의 중심이다.
- 선생님은 학생의 모자라는 부분을 채워주는 조력자이다.
- 학생 한 명당 하나의 노트북을 제공함으로써 언제 어디서든 학습을 가능케 한다.

"쓸데없는 공간이 있어야
 정신적인 안락을 얻을 수 있다." – 안도 다다오

3부

행복을 창조하는 공간

학습 능력을

높이려면

화장실부터

바꿔라

서 울 대 왕 중 학 교

디자인 디렉터 | 김경인

욕구에도 위계가 있다?

학교에 처음 입학한 초등학교 새내기들의 경우, 화장실 문제로 어려움을 겪는 경우가 상당히 많다. 학교 화장실이 낯설거나 지저분해 가기를 꺼려하거나, 무서워서 집에 갈 때까지 용변을 참기도 하는 등 화장실은 새내기 아이들에게 불편함의 대상이다.

그런데 화장실이 불편한 건 비단 낯선 환경에 적응해야 하는 초등학생의 심리적 문제만은 아니다. 전국의 초·중·고등학교를 대상으로 환경 조사를 해보면 학교 시설 가운데 개선이 가장 시급한 곳으로 화장실이 손꼽힐 만큼 학교 화장실은 여타 공중화장실보다 칙칙하고 어두운데다가 또 더러운 탓에 아이들 대부분이 가장 꺼려하는 공간 중 하나이다. 선생님들의 시선에도 벗어난 사각지대이다 보니 학교 폭력이라든가 흡연과 같은 문제들도 많이 발생하는, 탈선의 장소가 되는 것이다.

나는 그동안 여러 학교의 화장실을 탐방하면서 노후한 학교 화장실 개선과 위생 관리가 무엇보다 시급하게 이루어져야 한다고 생각했다. 물론 학교 화장실의 개·보수 사업은 그동안 꾸준히 이루어져왔다. 내가 학교에 다닐 때만 해도 대부분의 학교 화장실은 재래식으로, 학교 운동장 구석에 덩그러니 놓여 있는 경우가 많았다. 그러다 1980년대 중후반부터 건물 안에 화장실이 생기면서 양변기가 설치되었는데, 예전 화장실과 비교하면 나아지긴 했지만 그래도 그 수준은 비약적으로 성장한 주택 환경의 속도를 따라잡을 수는 없었다. 수세식이라고 해도 관리가 잘 안 된 탓에 냄새 나고 지저분한 그곳을 아파트 세대의 아이들이 좋아할 리 만무했고, 이런 이유로 화장실에 못 가는 아이들이 해마다 속출하고 있다.

화장실과 관련한 이런 문제들이 기성세대의 눈에는 다소 사치스러운 고민으로 비칠 수도 있지만, 정작 학생 당사자에게는 삶의 질이나 학업 의욕을 떨어뜨릴 정도로 중대한 스트레스 요인이 되기도 하므로 결코 가벼이 지나칠 일이 아니다.

화장실은 교실 다음으로 아이들이 많이 이용하는 곳으로, 교실만큼이나 중요한 공간이다. 일주일에 한두 번 이용하는 실습실이나 강당 등 다른 공간과는 달리 화장실은 하루에도 몇 번씩 드나들 만큼 아이들의 이용 빈도가 높다. 음식물을 섭취하고 소화시키는 정상적인 신체 구조를 가진 사람이라면 누구나 느끼는 신체적 욕구가 바로 배설 욕구이다 보니 당연히 이용 빈도가 높을 수밖에 없다. 배설 욕구는 인간의 가장 기본적 욕구로 생명 활동에 있어서 가장 필수적인 욕구 중 하나이다.

이와 관련하여 한 가지 흥미로운 연구 결과가 있다. 미국의 심리학자 매슬로우Maslow에 따르면 이러한 아랫단계의 생리적 욕구가 제대로 충족되지 않으면 '학습'이라는 고차원적인 성장 욕구 또한 실현시키기가 어렵다고 한다. 즉 욕망에는 피라미드처럼 '위계'가 있어서, 먹고 자고 배설하는 등의 생리적 욕구가 채워져야 더 높은 단계의 욕구로 이행된다는 것이다. 이것을 우리 교육에 적용해본다면 아이들을 위해 학교나 학부모들이 제일 먼저 신경 써야 할 부분은 학력 신장이나 학습 동기를 위한 투자가 아닌, 아이들의 가장 기본적인 생리 욕구를 제대로 풀수 있는 공간인 화장실에 대한 투자가 아닐까?

폐쇄적인
폭력 공간에서
열린 문화 공간으로

서울 수서동에 위치한 대왕중학교는 외관도 그렇고 내부 구조도 그렇고 다른 학교와 별반 차이가 없는 전형적인 네모반듯한 학교의 모습을 띠고 있다. 딱 하나 다른 게 있다면 바로 화장실이다.

2008년 '문화로 행복한 학교 만들기' 사업에 신청서를 낸 이 학교는 문화체육관광부의 지원 아래 화장실 개선 사업을 시작해서 지금은 호텔급 화장실을 자랑한다.

"학교 화장실은 더럽고 냄새가 나 학교에서 가장 꺼리는 공간 중 하나입니다. 어떤 아이들은 학교 화장실에서 볼일을 보지 못해 외출증을 끊어 집에 가기도 하고 참다가 변비나 신장 질환에 걸리기도 합니다.

이런 상황은 비단 우리 학교만의 일은 아닙니다. 기본적 욕구조차 제대로 해소할 수 없는 상황에서 아이들에게 다른 무엇을 기대한다는 것은 어불성설입니다."

당시 이 학교 이옥란 교장(현 경기여고 교장)은 학교 화장실 개선의 필요성에 대해 말하며, 그곳을 쾌적하고 아이들이 즐길 수 있는 공간으로 만들어달라고 당부했다. 나 역시 학교 화장실을 깨끗하고 밝게 만드는 것만으로도 학교 분위기가 달라질 수 있고, 나아가 학교 폭력과 같은 문제도 상당 부분 해결될 수 있다고 믿었기에 흔쾌히 학교 화장실 리모델링 공사에 나섰다. 27개 학급, 990명의 학생이 다니는 학교인지라 제법 큰 규모의 공사였다.

우선 나는 '아이들이 바라는 대로 꾸미자.'라는 평소 신조에 따라 남학생 팀, 여학생 팀으로 나눠 '화장실 개선 추진 위원회'를 구성했다. 방과 후에도 아이들이 소화해야 할 학습량이 많은 탓에 점심시간을 이용해 회의를 하고, 주말에는 각자 알아서 조사하도록 했다. 아이들은 자신들에게 필요한 화장실 환경에 대해 스스로 고민하며, 문제의 답을 찾아 나섰다.

"음악이 흐르는 화장실은 어떨까요? 편안한 분위기에서 볼일을 보면 좋을 것 같아요."

"화장실 안에 명언을 붙여놓으면 낙서를 방지할 수 있지 않을까요?"

"백화점처럼 화장실 벽이나 공간을 예쁜 그림이나 꽃으로 장식하면

리모델링 공사 전인 대왕중학교 화장실 모습. 전반적으로 어둡고 칙칙한 분위기이다.
© 김경인

어떨까요?"

"물이 자동으로 내려가는 장치가 있어야 해요. 깜빡 잊고 그냥 가는 애들이 많거든요."

"남자아이들은 발로 문을 차거나 부수는 경우도 있으니 화장실 문이 튼튼해야 해요."

"변기에 엉덩이가 닿는 부분을 따뜻하게 유지시켜줄 수 있다면 좋겠어요. 비데가 있으면 더 좋고요."

"아침에 바빠서 대충 하고 나오는 경우가 많은데, 편하게 거울을 볼 수 있는 공간이 있으면 좋겠어요."

여자들에게 꼭 필요한 공간. 여학생 화장실의 공주 거울(좌)과 여교사 화장실의 파우더룸(우).
© 김경인

　대한민국 최고의 학교 화장실을 만들겠다는 일념 아래 시간 가는 줄 모르고 많은 이야기를 나눈 결과, 모두의 의견을 참고한 설계도면이 완성됐다. 그리고 긴 겨울 동안의 리모델링 공사가 끝난 후 대왕중학교 화장실은 180도 다른 공간으로 탄생했다.

　화장실 입구부터 남학생 화장실은 연두색, 여학생 화장실은 분홍색으로 테두리를 입혀 멀리서도 쉽게 식별할 수 있도록 포인트를 줬고, 화장실 입구와 벽면에는 그림을 걸어 갤러리처럼 꾸몄다. 화장실에 들어서면 은은한 향이 풍기고, '해피송'이 귓가에 울려 퍼져 편안함을 느낄 수 있도록 했다. 사람이 드나들 때마다 자동으로 불이 켜졌다 꺼지

공간이
아이를
바꾼다

는 센서가 장착돼 있어서 전기도 절약할 수 있고, 색감이 밝은 조명을 써서 기분까지 환해지는 효과를 주었다. 세면기와 커다란 거울을 넉넉히 설치해 이를 닦거나 머리를 빗거나 옷매무새를 가다듬기에 불편함이 없게 했으며, 걸레를 씻는 곳에는 문을 달아 밖에서 보이지 않게끔 깔끔하게 처리했다. 화장실 입구 옆의 빈 공간에는 의자와 탁자를 마련해 학생들이 휴식 공간으로 편안하게 이용할 수 있도록 연출했다. 변기가 있는 공간과 휴식 공간을 완벽하게 분리한 화장실 내부는 카페라고 해도 손색이 없을 정도로 멋지게 변신했다. 대왕중학교 화장실은 단순한 시설 개·보수가 아닌 디자인 개념을 적극 활용한 공간으로 아이들이 잠시나마 쉴 수 있고, 소통할 수 있는 일상생활의 '해우소'로 자리매김할 수 있게 되었으며, 감성적인 문화 공간으로 거듭나게 되었다.

아름다운 사람은 머문 자리도 아름답다!

화장실이 바뀌고 난 뒤, 아이들에게는 어떤 변화가 찾아왔을까?

일단 아이들의 태도가 많이 달라졌다고 한다. 화장실이 편안하고 안락해지면서 머무르는 시간도 늘어나 손을 씻거나 이를 닦는 등, 자신

2008 '문화로 행복한 학교 만들기' - 서울 대왕중학교.
리모델링 공사 후 2008년 강남구청이 주최한 〈아름다운 화장실 경진 대회〉에서 최우수상을 수상했다.
디자인 디렉터 | 김경인
© 권혁재

을 단정하게 가꾸는 시간이 많아지게 되어 위생면에서 개선 효과가 크게 나타났다고 한다. 낙서는 말할 것도 없고 벽이나 문을 발로 차거나 함부로 쓰레기를 버리는 모습 또한 거의 사라지고, 침을 뱉거나 공간을 훼손하는 거친 행동도 줄어들었으며, 밝고 환한 공간으로 바뀌고 나니 학교 폭력과 흡연도 자연스레 사라졌다고 한다. 자신들만의 휴식 공간

공간이
아이를
바꾼다

이 생기자 아이들은 "학교에 가는 게 즐겁다."고 할 정도란다.

학생들의 이런 변화에 가장 놀란 것은 선생님들이었다. 처음에는 '겨우 화장실 하나 바뀐다고 뭐가 달라지겠어?'라고 반신반의하며 냉소적인 태도를 보였던 선생님들은 바뀐 학교 분위기와 아이들의 변화에 놀라움을 금치 못했다. 그때 나는 화장실이 지닌 공간적 의미를 설명하면서 이렇게 말했다.

"사실 그간 화장실이 학생들의 탈선 장소라는 오명을 쓰고 있었지만, 그곳을 밝고 환한 문화 공간으로 변신시키면 얼마든지 학생들의 인식도 달라지고 학생들은 변화된 공간에 맞게 행동하게 되는 것 같습니다. 시설이 좋아지면 오히려 학생들이 그곳을 더 악용하지 않을까 우려하는 분들도 계셨지만, 많은 학생들에게 열린 개방형 공간에서는 오히려 그 반대 현상이 나타날 수 있는 겁니다."

대부분의 사람들은 화장실에서 생리적인 욕구만 해결하면 그만이라고 생각하지만, 사실 화장실은 개인적 욕구뿐만 아니라 사회적 욕구까지도 은밀하게 발산할 수 있는 지극히 자유로운 공간이다. 그만큼 인간의 심리적, 감성적인 측면에도 많은 영향을 미치는 중요한 공간이기 때문에 화장실을 쾌적하고 안락한 휴식 공간으로 만들면 적은 비용으로도 큰 효과를 기대할 수 있다. 화장실을 보면 그 나라나 그 가정의 문화를 알 수 있고, 화장실을 사용하는 모습만 봐도 그 사람의 수준을 알 수 있다는 말이 있듯이 학교 환경 개선의 주요한 기준 역시 화장실이 우선되어야 한다.

대왕중학교의 화장실은 여타 공중화장실과는 비교조차 할 수 없는 적은 예산을 들이고도 2008년 강남구에서 실시한 〈아름다운 화장실 경진 대회〉에서 당당히 최우수상을 수상하는 영예를 안기도 했다. 이는 학생과 교사, 그리고 학부모가 모두 함께 머리를 맞대고 애쓴 덕분이라고 나는 생각한다. 단순한 우연인지 필연적 인과관계인지 확인할 바는 없지만 화장실 개선 후, 중학교 학업성취도에서도 전국 2위를 기록할 정도로 학업적으로도 긍정적인 성과를 남겼다. 변화는 이뿐만이 아니다. '공간이 아이들을 바꾼다.'는 사실을 깨달은 학교 측은 도서관, 음악실, 로비, 강당, 복도 등 교내 다른 공간들도 차례로 환경을 재정비하고 리모델링해나갔다. 화장실이 결국 학교 전체를 바꾼 것이다.

파리 한 마리가 화장실을 바꾼다?

화장실을 깨끗하고 밝게 만드는 것만으로도 아이들은 변화한다. 강요하지 않고 자연스레 변화를 이끄는 것은 의외로 일상 주변의 사소한 부분에서 시작된다. 이를 뒷받침해주는 대표적인 사례로, 네덜란드 암스

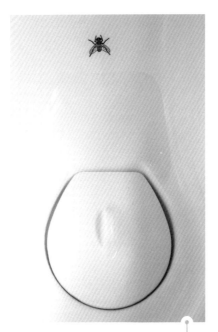

'깨끗이 사용합시다.'라는 표어를 붙였을 때보다
더 큰 효과를 낳은 화장실 소변기의 파리 스티커.
© 김성룡

테르담 스키폴 공항의 남성용 소변기 사용자들의 변화를 들 수 있다. 남
자들이 부주의하게 소변을 보다 보면 변기 밖으로 조금씩 튀어 주변이
더러워지게 마련이다. 그래서 스키폴 공항에서는 '화장실을 깨끗이 사
용하라'는 경고 문구를 붙여놓았지만 소용이 없었다고 한다. 그때 누군
가가 낸 작은 아이디어 하나가 놀라운 힘을 발휘했다. 화장실 소변기 중

앙에 검정색 파리 모양 스티커를 붙였더니 놀랍게도 오염 빈도가 80퍼센트나 줄어든 것이다. 남자들이 파리를 조준해 소변을 보다 보니 밖으로 튀는 일이 줄게 된 것이다. 이처럼 사소한 변화가 사람들의 행동에 큰 변화를 가져올 수 있다.

화장실 문화를 개선하는 일은 공간을 쾌적하게 만드는 효과도 있지만 아이들의 감성에도 큰 영향을 미친다. 화장실이 더러운 곳이 아니라 멋진 휴식 공간이라는 새로운 개념을 형성해주니 아이들의 행동도 변화했다.

하지만 유의해야 할 것은 아무리 좋은 화장실 환경을 조성해주더라도 화장실에 대한 관점의 변화나 아이들의 참여가 없다면 금방 더럽혀지거나 파손이 되고 말 거라는 사실이다. 즉 공간에 대한 애착을 갖게 하는 것이 우선이라는 얘기이다. 아이들이 주인 의식을 갖고 주체적으로 시설을 아낄 수 있도록 하는 것도 교육의 한 부분인 것이다. '왜 우리가 화장실 문화의 개선에 힘을 써야 하는지'에 대한 해답은 화장실 리모델링에 참여한 한 학생의 소감에서 찾을 수 있을 것 같다.

"예전에는 화장실이 냄새나고 더러워서 이를 닦고 싶어도 왠지 꺼려졌었거든요. 그런데 이제는 이를 닦고 손 씻는 게 정말 편해져서 좋아요. 화장실 문이 더러웠을 때는 손을 이용하지 않고 발로 차서 열고 그랬는데, 이제 함부로 행동하지도 않아요. 단정하고 깨끗한 공간에선 행동까지 조심하게 되더라고요."

지극히 개인적인 '나'를 만날 수 있는 시간

인간은 인생의 일 년 남짓한 시간을 화장실에서 보낸다고 한다. 신체의 순환이 이뤄지는 장소이자 온몸으로 나를 만날 수 있는 시간을 제공하는 화장실은 그만큼 일상생활에서 중요한 부분을 차지한다. 고대 그리스의 철학자 아리스토텔레스는 일찍이 정화 작용을 배설에 비유했고, 독일의 극작가 브레히트는 화장실을 인간에게 만족을 주는, 지상에서 가장 사랑스런 장소로 칭송했다. 대문호 빅토르 위고는 '인간의 역사는 곧 화장실의 역사'라고까지 말했다. 사람들은 화장실에서 은밀한 일을 보면서 온전히 혼자만의 시간을 가질 수 있다. 많은 아이디어를 떠올릴 수도, 책을 읽을 수도 있다. 생리 욕구 배설이라는 지극히 실용적인 목적뿐만 아니라 심리적, 감성적인 측면에서도 많은 영향을 끼치는 화장실은 육체만이 아니라 정신의 해방구이기도 하다. 이처럼 건강과 삶의 질을 위해서라도 화장실 환경의 개선은 선택이 아닌 필수이다.

아이들의
스트레스,
어떻게
풀어줄 수 있을까?

전 주   양 지 중 학 교

디자인 디렉터 | 김경인

사육되는
아이들

대부분 밀집된 축사에서 사육되는 닭, 돼지들은 운동 부족으로 인한 면역력 약화나 스트레스를 막고 상품성을 높이기 위해 항생제, 성장촉진제, 신경안정제 등의 첨가물이 많이 들어간 사료를 먹으며 자라게 된다. 겉은 멀쩡할지 몰라도 몸속에는 온갖 해로운 독성 물질들이 축적되어 있는 것이다.

자연의 모든 생명체는 성장에 필요한 햇볕과 바람, 흙에서 멀어지면 탈이 날 수밖에 없다. 한정된 공간에서 기계적인 일만 반복하며 자라난 아이들 역시 마찬가지이다. 면역력이 약해 감기나 피부염 등에 잘 걸리고 스트레스에도 훨씬 취약하다. 게다가 우리 뇌에서 학습을 담당하는 기관인 전두엽이 스트레스로 인해 그 기능이 저하되면 감정 조절이 어렵고 주의력과 사고력도 떨어지게 된다. 그 결과, 학습에 대한 흥미까지 잃게 되는 것이다.

전문가들은 요즘 아이들이 예전에 비해 외부의 압박이나 충격에 쉽게 좌절하고 방황하는 원인으로, 너무 일찍부터 학습에 대한 부담감을 느끼게 만드는 부모나 학교의 과잉 통제를 지적하곤 한다. 어디 그뿐인가. 주입식 교육을 통해 아이들을 성적순대로 줄 세우고, '남을 찍어 눌러야 내가 살아남는다.'는 식의 극단적인 경쟁 논리를 가르치며 경쟁을 부추기기까지 하는데, 어떻게 탈이 안 날 수가 있겠는가.

좁은 닭장 안에서 사육되는 닭들이 스트레스로 인해 서로를 공격하는 것처럼 학교와 학원을 오가며 '갇힌 생활'을 하는 아이들은 결국 스트레스를 이기지 못하고 학교 폭력이나 왕따와 같은 문제를 일으키기도 한다. 혹은 주의력결핍 과잉행동장애ADHD나 게임 중독, 우울증 같은 마음의 병에 걸리기도 한다.

지식을 습득하는 것도 중요하지만 사실 교육에서 가장 중요한 일은 '사람을 사람답게 키우는 것'이다. 배움을 중요시하던 공자 역시 〈논어〉에서 학문을 익히는 것보다 인간 교육이 우선시되어야 한다고 강조하지 않았는가. 예의와 인격, 인성을 닦은 후에 비로소 학문을 익혀야 한다고 말이다.

하지만 아무리 인성 교육과 창의성이 중요하다고 외친다 해도 지금까지 쌓아온 교육 시스템이나 입시 제도를 전면적으로 바꾸기란 아마도 어려운 일일 것이다. 우리가 할 수 있는 일은 다만, 답답한 학교 공간에 조금이나마 변화를 주는 것뿐이다. 공간이 달라지면, 달라진 공간에서 생활하는 사용자들의 행동이나 정서에도 변화가 일어나기 때문이다.

공부든 놀이든 '즐기는 법'을 아는 아이야말로 행복하게 자랄 수 있고, 나중에 어른이 되어서도 삶의 질과 만족도가 더욱 높아질 수 있다고 한다. 하루 종일 교실, 학원, 독서실에만 갇혀 있는 우리 아이들에게 돌려줘야 할 것은 다양한 체험 활동을 통해 아이들 스스로가 느끼고 행동하면서 뛰어놀 수 있는 장이 아닐까. 정서적인 생활이 가능한 그런 공간 말이다.

환경 개선이
곧
교육 복지이다

실제로 교육 공간에 변화를 주어 행복을 일궈낸 학교를 예로 들자면, 난 누가 뭐래도 전주에 위치한 양지중학교를 가장 먼저 꼽을 것이다. 1993년에 지어진 학생 수 1천여 명가량의 양지중학교는 독특하게도 지역 문화를 기반으로 한 공간 디자인을 학교에 적용한 사례라고 할 수 있다. 이는 전주의 지역 특성 때문이기도 했지만, 무엇보다 전통문화를 학교 공간에서 누릴 수 있기를 희망한 전주시의 지원과 지역 주민들의 참여 덕분이었다.

예로부터 전주는 한옥마을이나 전통 한지, 향교 등이 유명한 전통문화 도시로 그 독특한 멋과 아름다움이 살아 있는 곳이었기에, 나는 설레는 마음으로 그곳으로 내려갔다. 전주라는 도시의 특징과 그 지역의 재료를 활용하면 흥미로운 작업이 될 수 있겠다고 생각하면서.

처음 학교를 방문했을 때의 느낌은 여느 학교와 마찬가지로 외부 공간은 녹지나 휴게 공간이 부족해 보였고, 건물 외관은 차갑고 딱딱해 보였으며 내부 공간 역시 어두운 이미지를 갖고 있었다. 다행히 학교 주변은 주거 단지로 이루어져 있어 지역 주민과의 소통이나 활용에 있어서는 유리한 편이었다.

나는 제일 먼저 교사와 학생, 학부모들을 대상으로 설문 조사에 착수했다. 학교에 대한 이미지, 학교에서 부족한 활동, 필요한 공간, 배우고 싶은 프로그램 등에 대해 물어보았으며, 이를 바탕으로 자료들을 수집했다. 함께할 참가자가 필요해 1~2학년 학생들을 반별로 선발하여 방학 동안 같이 모여서 학교를 디자인하기로 했다. 물론 지원자도 있었고, 일부 학생 중에는 추천을 받기도 했다.

"건축이나 인테리어 쪽으로 전공을 하고 싶었는데, 좋은 기회다 싶어 참여하게 됐어요."

"저는 아무것도 모르지만 선생님 추천을 받아서 참여하게 됐어요."

"저는 친구 따라 우연히 하게 됐어요. 좋은 추억이 될 거 같아서요."

저마다 참여 이유는 달랐지만 자신들에게 필요한 공간을 잘 만들고 싶다는 간절한 마음은 같았다. 학생들뿐만 아니라 교사, 학부모, 주민 등 총 89명의 참가자 역시 한마음 한뜻이었다. 각 팀별로 재미있고 창의적인 팀명을 붙인 후에는 저마다 자신들의 아이디어가 채택되게 하기 위해 본격적인 전쟁을 펼치기도 했다. 구상안이 사전에 유출되지 않게 보안을 유지하는 모습은 마치 007 작전을 방불케 했다. 다들 어찌나 열심히 참여하는지 그 열의가 내게도 전해질 만큼 참으로 훈훈한 풍경 그 자체였다.

물론 처음부터 모두가 그렇게 적극적으로 참여한 건 아니었다. '해당 전문가와 기술자들이 왔으니 알아서 공사를 해주겠지.'라고 생각했을 뿐, 설마 이 프로젝트에 직접 참여하게 되리라고는 꿈에도 생각지 못했다고 한다. 그런데 덜컥 역할이 주어지고, 주어진 임무를 하나씩 완성해가다 보니 책임감도 생기고 보람도 생기더란다. 역시 사람은 자기가 경험한 만큼만 볼 수 있고, 깨달을 수 있는 법이다. '자리가 사람을 만든다.'는 옛말은 틀린 게 하나 없다.

학교 공간의 문화적 개선 아이디어에 대한 자발적인 토론이 끝나고 드디어 학교를 새롭게 디자인하는 일만 남았다. 요즘 아이들은 밖에서 뛰어놀기보다 자신들만의 아늑한 공간에서 휴식과 여가를 즐기는 걸 더 원한다는 점을 고려해서 '감성 충전소'와 같은 공간을 학교 곳곳에 만드는 방향으로 계획을 세웠다. 마음의 바탕을 기르고 좋은 품성과 덕을 쌓으며 친구들과 편안하게 담소할 수 있는, 크고 작은 공간들 말이다.

2008 '문화로 행복한 학교 만들기' – 전주 양지중학교.
한지 방에서 다도 수업 중인 아이들의 모습.
디자인 디렉터 | 김경인
© 전주시

기왕이면 지역 산업인 한지를 활용하여 아이들에게 잊혀져가는 전통 문화의 중요성을 알리고, 지역과 함께 성장하는 교류의 공간이 될 수 있게 하기 위해 교내 4층의 비어 있는 공간을 명상과 휴식의 공간으로 만들기로 했다. 한지 공예를 담당했던 선생님을 중심으로 한 팀원들은 학교 계발 활동 시간에 전주 한옥마을을 돌며, 한옥의 장단점과 전통 찻집의 인테리어 포인트 등을 파악해보기도 하고 한지가 어울리는 공간을 조사해보는 등 발품을 팔며 각종 자료들을 수집했다.

한지의 따뜻하고 푸근한 느낌을 잘 살리고, 한옥의 전통미를 체험할 수 있도록 아늑하고 조용한 쉼터를 만들어, 교사와 학생 간의 마음의 벽을 허물 수 있는 공간이 되었으면 하는 게 나의 바람이었다.

"천장 조명은 한지로 한 번 감싸 은은한 간접 조명으로 하고, 바닥에는 온돌을 깔아서 좌식 공간으로 만들면 좋겠어요."

"여기서 전통차를 마시며 다도 체험을 할 수 있는 공간으로 꾸미면 어떨까요?"

각 팀의 의견들을 반영해 빈 공간에 온돌로 된 마룻바닥을 깔아서 아이들이 편안하게 앉거나 맘껏 뒹굴 수 있게 만들었으며, 창문은 전통 창호로 하고 한지 블라인드로 가려서 아늑한 분위기를 더해주었다. 조명에서 나오는 빛은 한지 특유의 포근한 색감 덕분에 한층 따뜻하게 느껴졌으며 벽에는 은은한 컬러의 한지 벽지가 사용되었다. 마지막으로 좌식 원목 테이블과 방석을 두어 한국적인 미가 물씬 풍기는 특색 있는 공간으로 연출했다. 그렇게 해서 방치된 빈 공간이 다도를 배우기에 적합한 공간일 뿐만 아니라 조용하게 명상을 할 수 있고, 친구들이나 선생님과 담소를 나누며 차를 마시기에도 안성맞춤인 공간으로 재탄생했다.

편안하게 누워서 쉴 수도 있어서 학생들에게 인기 만점인 한지 방은 다도나 한지와 같은 전통문화 체험 수업이나 학부모 모임이나 교사 간 담회 등의 다양한 용도로 쓰일 수 있어서 일석이조의 효과가 있었다. 딱딱한 분위기의 교실과는 달리 한지 방에서는 학생들과 선생님들 모두 편안한 분위기에서 수업을 진행할 수 있어 소통도 원활해지고, 인성 교육을 통한 나눔과 배려 등의 정서 함양에도 그만이라며 학교 측은 크게 만족을 표했다. 편안한 분위기의 공간만큼이나 삶을 여유롭게 하고 열린 생각을 가능케 하는 건 없을 것이다. 한지 방에서 배우는 다도가 컴퓨터 게임보다 더 즐겁다는 한 여학생의 이야기에 얼마나 가슴 벅찼는지 모른다.

"처음 다도를 배울 때는 낯설고 복잡해서 까다롭게 느껴졌지만, 알면 알수록 차 한 잔을 우려내는 데도 이렇게 많은 정성과 배려가 들어간다는 사실에 놀라웠어요. 또 차를 마시면서 제 몸과 마음도 왠지 바르고 단정하고 바르게 변해지는 것 같아서 너무 좋아요. 이런 공간을 만들어주셔서 정말 감사합니다."

여기가
학교야,
아트센터야

1층 현관 입구 근처에 자리한 또 다른 여유 교실은 접근성을 살려 그림이나 사진, 시화전 등의 문화 활동과 함께 휴식을 취할 수 있는 갤러리로 활용하기로 결정했다. 그런데 막상 그곳을 갤러리와 휴식을 위한 공간으로 바꾸려다 보니 공간이 협소한 게 걸림돌이 되었다. 게다가 임시로 막아놓은 칸막이 공간이었기 때문에 옆에 있는 학생부실의 이야기 소리가 다 들린다는 문제점도 있었다. 그래서 과감히 여유 교실과 학생부실을 하나로 합쳐서 활용하기로 했다. 갤러리 담당 팀 역시 전주에 있는 여러 미술관과 갤러리를 답사한 후, 조사 결과를 토대로 학교에 만들 갤러리의 이미지들을 구체화시켜나갔다.

"벽면은 깨끗하고 밝아 보이게 흰색이나 밝은 하늘색으로 해요."

"바닥은 나무 무늬로 하는 것이 좋겠어요."

"조명은 이동식 조명에 전후좌우로 움직이는 전구를 사용하는 게 어

떨까요?"

"입구와 중간에 이동식 칸막이 시설이 있었으면 좋겠네요."

"벽면에 그림을 걸고, 가운데 공간은 휴식을 취할 수 있는 장소로 활용했으면 해요."

다양한 의견을 참고하여 벽면은 흰색으로 칠해 그림이 돋보일 수 있는 공간으로 디자인하고 천장을 노출시켜 이동식 조명을 설치했다. 가운데 공간에는 학생들이 휴식할 수 있는 탁자와 의자 등 편의 시설을 설치해 편하게 차도 마시고 대화도 할 수 있게 꾸몄다. 그러자 일반 갤러리와 견주어도 손색이 없는 교내 휴식 공간이 만들어졌다. 갤러리 공간이 완성되자 학생들은 물론 선생님과 학부모들도 "드디어 문화적 욕구를 충족시킬 수 있게 되었다."고 반가워하며 고마움을 표시했다.

학생들은 쉬는 시간 또는 점심시간에 갤러리에 가서 작품을 감상하거나 그림을 보면서 이야기를 나누기도 하고, 휴식을 취하기도 한다. 학생들의 그림뿐 아니라 학부모들이나 지역 작가들의 작품까지 다양하게 전시함으로써 늘 새로운 작품들을 구경할 수 있고, 덕분에 자연스럽게 감성을 키울 수 있는 공간이 되었다.

이러한 갤러리나 문화 공간이 아이들의 일상 속으로 들어서면, 삶은 아주 창조적으로 바뀔 수 있다. 왠지 어렵고 따분한 것으로만 생각했던 예술이 일상의 친근한 것으로 바뀌는 순간 아이들의 정서 지능 역시 발달할 수밖에 없다.

아이를 키우는 엄마라면 방학 때 아이들의 감성을 높여준답시고 철새처럼 반짝 미술관을 찾았다가 어마어마한 인파에 그림 대신 사람 구경만 하고 돌아섰던 경험이 누구나 한 번쯤은 있을 것이다. 진짜 아이의 감성 지능을 높여주고 싶다면 방학 특수를 노린 전시에만 연례행사처럼 들를 것이 아니라 일상에서 아이 스스로가 예술을 발견하고 찾아낼 수 있도록 환경을 만들어줘야 한다는 것을 강조하고 싶다. 물론 대가들의 좋은 그림을 보기 위해 미술관을 찾는 것도 좋은 교육이지만 단순히 보는 것만이 능사가 아니라는 점을 새삼 되새길 필요가 있다. 오히려 매일매일의 생활 속에서 예술을 친숙하게 대하는 태도가 더 중요하다. 즉 일상의 모든 풍경이 예술이라는 것을, 세상을 좀 더 깊이 보는 법을 아이들에게 먼저 가르쳐야 한다는 얘기이다.

칭찬은 고래를, 음악은 아이를 춤추게 한다

마지막으로 '아이들에게 또 뭐가 더 필요할까?'를 고심한 끝에 스트레스를 해소할 수 있는 공간으로 음악 카페를 조성하기로 했다. 좋은 음악은 '브레인 푸드'라고도 일컬어질 정도로, 들으면 들을수록 두뇌 발달에도 긍정적인 영향을 끼친다는 전문가들의 연구 결과에 착안한 것이었다. 신이 난 아이들은 평소 자신이 꿈꿨던 공간에 대해 가감 없이 말해주었다. 노래방 기기를 설치하자는 의견에서부터 댄스 수업을 병행하자는 의견, 뮤직 비디오를 틀어주자는 의견까지 다양하고 기발한 아이디어들이 쏟아져 나왔다.

우선 음악 감상으로 인해 야기되는 소음이나 진동과 같은 문제점을 세세히 검토해보고, 바닥재와 벽면 등 내부를 꾸밀 인테리어에 대해 구

2008 '문화로 행복한 학교 만들기' – 전주 양지중학교.
따뜻한 색감의 사용으로 밝아진 학교 공간.
디자인 디렉터 | 김경인
© 권혁재

체적으로 의논했다. 대형 스크린, 홈시어터, 개인용 음악 감상 기기, 편안한 소파나 의자 등, 음악을 들을 수 있는 공간을 만드는 데 필요한 게 한두 가지가 아니었다.

바닥재는 일단 층간 소음을 해결할 수 있는 강화마루로 시공했고, 앞면 벽은 색깔이 들어 있는 강화유리 소재를 사용하여 마감한 후 그 위에 대형 벽걸이 TV와 홈시어터를 배치했다. 중앙에는 둥근 소파를 놓아 친구들과 대화할 수 있는 공간을 마련했으며, 포인트 벽지를 발라 카페 분위기를 연출했다. 조명 역시 하이테크적인 느낌을 가미했고, 출입문은 파란색으로 차별화했다.

공사를 진행하던 중 우리 사회에 청소년들의 건전한 게임 문화 조성을 위한 공간이 절실하다는 한국게임산업진흥원(현 한국콘텐츠진흥원)의 얘기를 듣고 기존의 음악 카페로서의 기능을 포함하면서 여럿이서 게임을 할 수 있는 용도로도 사용할 수 있도록 테이블과 의자를 추가로 배치했다. 부정적인 이미지가 강한 온라인 게임보다는 보드 게임이나 카드놀이와 같이 여럿이서 함께할 수 있는 게임을 이곳에서 웃고 즐기면서 생활의 활력을 찾을 수 있기를 바랐다.

아이들의 마음을 움직일 수 있는 공간을 만들고자 한 우리의 노력이 헛되지 않았는지, 음악 카페 공간은 점심시간만 되면 아이들이 몰려와 순번을 정해 돌아가면서 사용할 정도로 교내 최고의 인기 장소가 되었다고 한다. 학생들은 삼삼오오 음악을 감상하거나 보드 게임을 즐기면서 친구들과의 관계를 돈독히 하고, 건전한 놀이 문화를 통해 학업에서 오는 스트레스를 해소하고 있는 것이다.

사실 음악이든 게임이든 모든 문화적인 행위는 신체적으로나 정신적으로나 아이들을 조화롭게 성장시키며 사회성 발달에도 좋은 영향을 미친다. '하모니'를 경험함으로써 그 속에서 차이와 균형을 배울 수 있고, 놀이를 통해 친구들과 얼굴을 마주하며 기분 좋은 하루를 보낼 수도 있다. 휴식과 놀이를 위한 공간에서 머물면서 아이들은 그렇게 스스로를 치유할 수 있는 힘을 얻게 된다.

지역과 함께하는 지속 가능한 학교

독일이 자랑하는 세계적인 문호 괴테는 인간다운 삶을 원한다면 날마다 몇 가지 일을 습관적으로 실행해야 한다고 말했다. 매일 좋아하는 음악을 듣고, 좋은 시 한 편을 읽고, 훌륭한 그림을 보고, 좋은 말을 나눠야 한다고 말이다.

이제 학교는 단순히 공부만을 가르치는 곳이 아닌 '인간답게 사는 법'을 일깨우는 인성 교육과 창의력을 길러주는 교육으로 그 패러다임을 바꿔야 한다. 양지중학교는 학업 스트레스로 지친 아이들을 위해 문화로 소통할 수 있고 삶의 즐거움을 누릴 수 있는 공간을 디자인해, 갇혀 있던 아이들을 자유롭게 풀어주고 체험을 통해 스스로 깨우칠 수 있도록 도와주었다.

이렇게 학교 공간을 변화시킬 수 있었던 것은 지역을 기반으로 한 많은 사람들의 도움이 있었기 때문이다. 그들의 도움이 없었더라면 한 번도 현실화되지 않았던 공간이 적은 예산으로도 완전히 새롭게 만들어지는 것은 아마도 쉽지 않았을 것이다.

우선 한지 방은 한지 전문업체인 '천양한지'의 최영재 대표가 후원해준 덕분에 몸에도 좋은 친환경 한지 벽지를 아이들에게 제공할 수 있었다. 교동아트센터의 김완순 관장님은 한지 아트 전문가들이 만든 대형 벽화 작품 두 점을 한지 방에 걸 수 있게 기증해주었다.

갤러리 공간은 평소 공공 디자인에 관심이 많았던 디자인 그룹 희오에서 무료로 공사를 후원해주었고, 갤러리에 전시할 자료들까지 공유해주었다. 음악 카페는 한국게임산업진흥원의 도움을 받아 공사를 진행했고, 특수 페인트는 코스토개발에서 기부해주었으며, 학교 외벽 전체에 칠한 친환경 페인트는 KCC에서 전량을 후원해주었다.

그 외에도 박명권 대표(조경), 고기영 대표(조명), 이승희 대표(색채) 등의 도움을 받았다. 도움을 준 이들 모두는 학교의 빈 공간을 아이들을 위한 문화 공간으로 조성하여 건강한 성장을 돕자는 취지에 흔쾌히

공간이
아이를
바꾼다

찬성한 것은 물론, 적극적으로 관심을 보이며 참여해주었다.

여러 참여자들의 협업으로 탄생한 공간을 보다 많은 사람들과 나누기 위해 학교 측에서는 만들어진 공간들을 지역 주민들에게도 개방하기로 했다. 학교 측의 배려로 한지 방에서는 학생들뿐 아니라 학부모들도 다도 체험이나 한지 교실을 체험할 수 있게 되었으며, 희오 갤러리에서는 지역 예술 작가들이나 학생들, 학부모들의 그림이나 도자기를 전시하면서 상시적으로 미술 전람회를 여는 등 지역 사회에 열린 공간으로 사용하고 있다고 한다.

학부모와 지역 주민들과 함께 공간을 공유하게 되자, 왕따나 학교 폭력과 같은 문제들도 미연에 방지할 수 있고 인적·물적 네트워크 또한 구축할 수 있어서 학교 운영과 관리 면에서도 큰 도움이 된다며 학교 측도 만족을 표했다. 이러한 교류와 문화 활동이 더 많이 쌓일수록 아이들 역시 지역의 문화와 환경과 조화를 이룬 학교 프로그램에 자부심을 지니며 공동체 생활을 통해 한 사람의 훌륭한 시민으로 성장해갈 것이다.

지역과 함께하는 학교가 가능할까? 나는 그 실마리를 양지중학교에서 찾을 수 있었다.

2008 '문화로 행복한 학교 만들기' – 전주 양지중학교.
알록달록한 옷으로 갈아입은 뒤 학교는 한층 더 활기차고 생기 있게 변신했다.
디자인 디렉터 | 김경인
© 권혁재

🏠 ＋ 스트레스? 컬러로 힐링하라

영국 런던의 템스 강에 있는 블랙프라이어 다리는 다리의 이름에서 알 수 있듯이 초기에는 검정색이었다고 한다. 그런데 많은 사람들이 이 다리에서 투신자살을 함으로써 '자살의 명소'로 유명해지자, 이를 해결하기 위해 다리의 색을 녹색으로 다시 칠했다고 한다. 그러자 자살률이 무려 3분의 1로 줄어들었다고 한다. 이처럼 색의 에너지를 통해서도 우리 몸과 마음은 영향을 받는데, 이를 이용한 치료법이 바로 '컬러테라피'이다. 색은 빛이자 파장이며 에너지를 갖고 있는 진동이기 때문에 색마다 느껴지는 감정이나 효과도 다르다. 즉 일상에서 접하는 색채를 통해 몸 안에 활력을 불러일으킬 수 있을 뿐만 아니라 정서적 안정에도 도움을 줄 수 있는 것이다.

- 초록: 집중력과 상상력을 높이고 스트레스 완화의 효과가 있으며 상처를 낫게 하는 데도 도움이 된다.
- 노랑: 활력을 생기게 하고 소화 기능을 좋게 해 주방이나 화장실에 어울린다.
- 주황: 우울증에 좋은 치료제로 의욕 저하나 신경증에 효과적이다.
- 분홍: 자궁 내부의 색과 비슷해 심리적으로 편안함과 안정감을 주고 생체 기능을 높인다.
- 파랑: 긴장과 불안을 가라앉혀 숙면을 돕는다. 특히 정신을 집중할 때 좋다. 식욕을 억제시키는 효과도 있다.
- 보라: 기분 전환에 도움이 되고, 창의적인 발상이나 감수성을 자극하기도 한다.

공간이

아이들의

행복을

좌우한다?

고 양 호 곡 중 학 교

디자인 디렉터 | 이소진

누구도
소외받지 않는
열린 공간

"학교 안의 삭막한 공간을 내버려두면 아이들까지 삭막해지기 마련입니다. 버려진 공간을 어떻게 활용할지 구상 중이었는데 마침 문화체육관광부가 '문화로 행복한 학교 만들기' 사업을 시작한다는 소식을 접하고 한 치의 망설임도 없이 지원서를 제출하게 되었습니다."

경기도 일산에 위치한 호곡중학교 최복점 교장(현 저동중학교 교장) 선생님의 말씀이다.

'문화로 행복한 학교 만들기'를 신청한 학교들은 대부분 낡은 화장실을 리모델링해달라든지, 노후한 시설을 고쳐달라는 요청을 많이 하는데 호곡중학교는 그렇지 않았다. 학생들이 편안히 쉴 수 있는 공간이 필요하다며 신청 사유를 밝힌 것이다. 아직 만들어지지도 않은 공간을 '공감터'라고 이름까지 붙인 데서 학생들에 대한 교장 선생님의 따뜻한 마음을 느낄 수 있었다. 그 진심에 모두가 마음이 통해 호곡중학교는 2009년 '문화로 행복한 학교 만들기'의 대상이 되는 10개 학교 중 하나로 선정되었다.

호곡중학교에 간 프로젝트 팀은 우선 '공감터'가 생기게 될 공간을 둘러보았다. '공감터'가 생길 곳은 5층짜리 벽돌 건물 두 개 동 사이에 끼어 있는 1층의 자투리 공간으로, 최신식으로 지어진 학교 건물 분위기와는 사뭇 다르게 황량하고 삭막하기 그지없는 공간이었다. 건물이 지어질 당시에는 사방이 뚫려 있는 '필로티' 구조로 설계되었다가 나중에 뒷부분만 벽체를 세워 하나의 공간으로 만들었다고 한다.

공감터 뒤쪽에는 나지막한 동산도 있어서 시야가 탁 트여 있음에도 불구하고 벽으로 막아놓아서 오히려 답답하고 음침한 공간이 돼버린 게 너무 안타까웠다고 프로젝트 팀은 말한다. 차디찬 시멘트 탁자와 의자 몇 개만 달랑 놓인 공간은 아이들에게는 그저 체육 시간이 끝난 뒤 신발을 갈아 신거나 흙먼지를 털어내는 곳 이상의 의미는 없어 보였다고 말이다. 더욱이 조명마저 어두워서 불량 학생들의 모임 장소로 이용되기에 딱 좋아 보였단다.

그런데 한 가지 특이한 것은, 그 공간 바로 옆에 지적 장애 학생과 지체 장애 학생 네 명으로 구성된 특수 학급인 '상록수반'이 위치해 있다는 사실이었다. 최복점 교장 선생님은 '공감터'가 생기게 되면 특수 학급 아이들과 일반 학급 아이들이 서로 격의 없이 어울리면서, 정서적으로 교류할 수 있는 장소가 되었으면 하는 바람 또한 갖고 계셨다.

호곡중학교는 일산에서도 유독 교육열이 높기로 소문난 곳에 위치해 있었지만, 성적만 중요시하는 학교는 아니었다. 성적 이상으로 관심을 갖고 중요하게 생각하는 것이 바로 학생들의 '인성 형성'과 '정서 순화'였다. 경기도 교육청으로부터 '예술 치료 시범학교'로 선정될 만큼 음악과 미술 등을 통해 학교에 잘 적응하지 못하는 학생들을 치료하는

공간이
아이를
바꾼다

등 아이들의 정서 교육에 각별히 신경을 쓰고 있었다. 그뿐 아니라 '네팔 희망 장학회'라든가 여러 가지 구호 활동이나 자원봉사 등을 통해 아이들에게 '나눔'과 '더불어 사는 삶'의 가치를 깨닫게 하는 데 힘쓰고 있었다. '공감터' 역시 이러한 학교의 철학을 담아 어느 누구도 소외되지 않는, 모두를 위한 열린 공간이 되어, 학생들에게 정서적 안정과 휴식을 줄 수 있는 환경이 조성되길 기대했다. 프로젝트 팀은 그 바람을 담아 '공감터' 개선 공사에 착수했다.

나누면
더 커지는
마음의 공간

'문화로 행복한 학교 만들기'의 본격적인 공사는 대개 학교 수업이 없는 방학을 틈타 시작된다. 학기 중에는 학생들도 바쁘고 공사 소음도 심해서 되도록 방학을 이용해서 공사를 진행하는데, 그러려면 방학 전에 학생들과 미리 아이디어 회의를 갖고, 디자인 및 기본 설계에 대한 방향을 잡아놓아야 한다. 그래서 이번에도 5월 초부터 학부모와 학생, 교직원으로 이뤄진 협의회를 다섯 차례 거치면서 공간 개선에 관한 다양한 의견들을 모아나갔다.

"중학생들은 행동이 거친 편이니 무조건 튼튼하게 만들어주세요."

"전시 공간이나 음악을 들을 수 있는 공간으로 만들면 좋겠어요."

"여러 명이 함께 앉아 쉴 수 있는 공간이 필요해요."

"창문을 내서 뒤쪽의 동산이 보이게 하면 어떨까요?"

"특수 학급 아이들이 편하게 다닐 수 있도록 휠체어가 자유롭게 드나들 수 있어야 해요."

그렇게 자유로이 의견들을 나누며, 적절한 절충안을 세워나갔다. '몸과 마음이 쉬어가는 곳'을 콘셉트로 하여 외국 학교들의 카페테리아처럼 열린 공간으로 만들기로 의견을 모았다.

우리나라에서는 카페테리아를 일종의 구내식당처럼 식사 시간에만 이용할 수 있게 운영하는 곳이 많은데, 외국 학교에서는 카페테리아가 학생들이 소통할 수 있는 일종의 카페 겸 살롱과 같은 역할을 한다. 물론 밥도 먹을 수 있고 간식거리도 사 먹을 수 있는 공간으로, 아이들은 언제든 그곳에서 휴식을 취하고 여유를 즐길 수 있다. 카페테리아와 같은 공간이 있고 없고의 차이가 아이들의 정서 발달에도 영향을 미칠 수 있다고 프로젝트 팀은 생각했다. 그래서 최대한 아이들을 위한 열린 공간이자 쉼터가 될 수 있는 공간을 만들기로 했다.

우선 천장을 높게 하여 카페 같은 분위기가 나도록 노출을 한 뒤, 조명을 달았다. 벽으로 막혀 있던 뒷부분은 개방했으면 좋겠다는 의견을 반영하여 통유리를 폴딩 도어(접었다 폈다 하는 접문) 방식으로 설치했다. 평소에는 닫아놓고 실외와 실내를 구분할 수 있어 편리할뿐더러 여름이나 따뜻한 봄에는 완전히 열어놓고 자연을 만끽할 수 있어서 좋을 것이란 판단에서였다.

공간 디자인에 관한 의견 중 가장 주의 깊게 들은 것 가운데 하나가 튼튼하게 만들어달라는 것이었다. 사실 튼튼하면서 예쁘게 만드는 것은 참 어려운 일이지만 이들의 요구를 최대한 수용해 5미터짜리 벤치는 아예 콘크리트 소재로 만들고 그 위에 목재를 대어, 수십 년은 끄떡없이 쓸 수 있을 정도로 튼튼하게 만들었다.

붉은 벽돌로 이루어진 벽면은 깔끔하게 하얀 페인트로 칠했다. 나중에 전시회 같은 행사를 열게 되면 다양한 작품과도 어울릴 수 있게 중성적인 공간으로 남겨놓는 게 좋기 때문이기도 했지만, 사실 예산이 부족해서 비용을 적게 들이고 최대한의 효과를 볼 수 있기 때문이었다. 장식적인 디자인보다는 앞으로 학교에서 충분히 가꾸어나갈 수 있는 기반을 만들어주는 것이 '문화로 행복한 학교 만들기'가 해야 할 역할이라고 생각했다. 그래서 큰 틀 위주로 공간을 설계하고 디자인하면서, 나머지 디테일들은 학생들이나 선생님들이 채워나가는 방식으로 공간을 조성했다.

5층짜리 건물 두 개 동 사이에 끼어 황량하고 척박해 보였던 사각지대는 정확히 56일 뒤인 9월 14일, 드디어 새로운 모습으로 탄생했다. '공감터'라는 이름이 붙은 카페로.

한쪽 벽면에는 학생들이 직접 그린 그림을 가지런히 전시해 얼핏 도심의 갤러리나 한적한 노천카페를 연상케 했다. 이 화사한 공간의 백미는 통유리로 비치는 눈부신 햇살과 야트막한 동산이 한 폭의 풍경화처럼 눈앞에 펼쳐지는 모습이었다. 그저 보고만 있어도 마음이 따뜻해지고 기분이 좋아지는 효과가 있는 듯했다.

또 가운데에 놓인 널찍한 나무 탁자 주위에는 누구든 편히 앉을 수 있도록 아기자기하고 앙증맞은 빨간색, 하얀색, 까만색, 회색의 동그란 의자들을 배치한 덕분에 공간이 한층 생기 있어 보였다. 교장 선생님을 비롯해 교직원, 학부모들의 학교 개선 의지에 힘입어 '공감터'는 진정한 학생들의 쉼터로 다시 태어났다.

버려진 공간을 일궜다, 희망이 싹텄다!

"아이들이 재잘재잘 떠들면서 마음속 얘기를 터놓을 수 있는 공간, 문학의 밤이나 음악회를 열 수 있는 문화의 공간, 각종 토론이 열릴 수 있는 교육적 공간 등 다양한 용도로 변주가 가능했으면 좋겠어요."

교장 선생님의 소망은 기적처럼 현실로 이루어졌다. 황량했던 공간

이 문화와 디자인의 옷을 입고 재탄생하면서 지역 주민과 가족이 함께
이용할 수 있는 문화센터이자 학생들의 정서를 풍부하게 만들어주는
사색의 공간으로서 '공감터'가 그 역할을 하게 된 것이다. 학생들이 그
린 작품은 일주일씩 바꿔가면서 전시하는데, 전교생들뿐만 아니라 학
부모나 인근 주민들까지 구경하러 온다고 한다.

　'공감터'는 점심시간과 방과 후 한 시간 정도 자율 개방되는데, 아이
들은 교실 밖에 편안하게 쉴 수 있는 자유로운 공간이 있다는 사실만
으로도 크게 기뻐했다. 아이들은 '공감터'를 자기들만의 공간으로 생각
하며, 친구들과 이야기를 나누거나 다양한 문화 활동을 할 수 있는 쉼

"소통하는 데에 있어
'공간'이라는 매개체보다
더 좋은 건 없다."

2009 '문화로 행복한 학교 만들기' – 고양 호곡중학교
디자인 디렉터 | 이소진
©이소진

터로 사용하고 있었다. 성적이나 진로 문제로
스트레스가 많겠지만, 적어도 그곳에서만큼은
아무런 걱정 없이 행복해 보였다. 특별한 날에
는 차나 음료를 제공하는 등 진짜 카페로서의
역할도 충실히 수행하고 있었다.

'공감터'는 선생님들에게도 인기가 많단다.
그곳에서 수업을 하면 아이들이 지루해하지
않고 집중해서 수업을 듣는다고 한다. 자유로
운 토론이 필요한 수업이나 시청각 자료를 활
용해서 진행하는 수업에도 아주 그만이란다.

평일 낮에는 학부모들의 모임 공간으로도
활용되곤 하는데, 학부모들은 그곳에서 차를
마시면서 학교의 대소사나 아이들 문제를 의
논한다고 한다. 처음에는 '공감터'가 만들어지
면 아이들이 공부에 소홀해지기 쉽고, 관리도
만만치 않을 거라고 학부모들 사이에서 이견
도 있었지만 지금은 아이들이 자율적으로 공
간을 쓰면서 즐거워하는 것에 모두들 만족해
하고 있단다.

이렇게 다용도로 활용되는 것 외에도 '공감

터'는 바로 옆에 자리한 특수 학급 학생들이 일반 학급 아이들과 격의 없이 어울릴 수 있는 장소로도 활용되고 있었다. 나는 여기에 큰 감명을 받았다. 점심시간에 선생님이 특수 학급 아이들을 데리고 '공감터'로 가면 어느새 일반 학급 아이들이 그들 옆에 모여 서로 일상의 대화를 이어나갔다.

소통하는 데에 있어 '공간'이라는 매개체보다 더 좋은 건 없다는 생각이 문득 들었다. 서로 자주 부대끼며 대화의 시간을 많이 가질수록 가까워지기 마련일 테니 말이다. 서로를 알면 이해하게 되고, 이해하게 되면 공감할 수 있다. 더 나아가 공감의 폭이 넓어지면 사회직 유대감이나 공동체 의식 또한 형성할 수도 있다. 바로 이런 게 살아 있는 '사회 공부'가 아닐까.

나중에 전해 들은 이야기로는 처음 그 공간을 '공감터'라고 이름 짓기까지 국어 교사들이 오랜 시간을 고민했다고 한다. 그러다 '나누면 더 커지는 마음의 공간'이 아이들에게 있었으면 좋겠다는 바람을 담아 그곳을 '공감터'라고 이름 지었단다. 그래서일까, '공감터'는 그 이름의 예쁜 뜻과 거기에 담긴 선생님들의 마음 그대로 따뜻한 소통의 장으로서의 역할을 다해내고 있었다.

잡스는 먼저 우편함을 로비로 옮겼다. 그런 다음 회의실, 이어서 식당과 커피숍과 기념품점을 건물의 중심으로 옮겼다. 그래도 여전히 충분치 않았다. 잡스는 마침내 한 곳뿐인 화장실을 아트리움(현대식 건물 중앙에 보통 유리로 지붕을 만들어 조성한 넓은 공간) 안에 배치하기로 결심했다.

픽사 영화 여러 편의 제작 책임자였던 달라 앤더슨의 말이다.

"처음엔 세상에서 그보다 더 우스꽝스러운 아이디어는 없을 거라고 생각했어요. 저는 30분마다 화장실을 가야 해요. 그때마다 아트리움을 향해 먼 길을 걸어야 한다는 게 싫었죠. 그건 시간 낭비잖아요. 하지만 스티브는 말했어요. 모든 사람이 서로 마주쳐야 한다고요. 그는 최고의 만남은 복도나 주차장에서 우연히 일어난다고 정말로 믿었어요. 그래서 어쨌게요? 그가 옳았어요."

– 조나 레러, 『이매진』, 김미선 옮김, 21세기북스, 2013, 194쪽

스티브 잡스는 픽사Pixar의 CEO로 재직할 당시, 모든 것을 건물의 중심에 배치했다고 한다. 픽사의 본사 건물은 아트리움(광장)을 중심으로 하여 기술 분야와 예술 분야의 작업실로 나뉘어 있는데, 잡스는 모든 구성원들이 자주 마주치며 대화함으로써 창의성을 키울 수 있도록

화장실, 회의실, 식당, 카페 등 주요 시설을 중앙에 둔 것이다. 직원들도 처음에는 불편을 호소하거나 불평을 하기도 했지만, 우연히 마주친 동료들과의 대화를 통해 더 많은 아이디어를 교환하고, 더 많은 일을 성사시키게 되자 잡스의 생각이 옳았음을 인정하게 되었다.

픽사의 교육기관 건물의 용마루에 새겨진 '더 이상 혼자가 아니다.'라는 뜻의 라틴어 'Alienus Non Diutius.'처럼 창의성이란 다양한 사람의 생각과 아이디어를 공유하고 소통하는 과정에서 우리가 예상치 못했던 순간에 발휘되는 뜻밖의 보물이라 할 수 있다.

'공감터' 역시 학교를 거점으로 연결된 모든 이들이 언제든 쉽게 만나고 교류할 수 있도록 폭넓게 개방한 덕분에 모두가 한데 어우러져 다양한 생각과 의견, 경험을 나눌 수 있는 아름다운 커뮤니티로 성장할 수 있었다. 학교와 관련된 다양한 구성원들이 '공감터'를 중심으로 긴밀하게 연결되어 새로운 문화를 만들어가고 있는 것이다.

작은 것도 소중히 다루고 정성을 다하면 작은 기적들이 일어나게 마련이다. 그리고 이 작은 기적들은 더 큰 기적들을 낳게 된다. 보잘것없는 수다가 혁신의 출발이라고 본 잡스처럼 최복점 교장 선생님은 버려진 작은 공간에서 소통의 가능성을 발견한 것이다.

그리고 이 가능성이 진짜 현실이 된 데에는 열의를 가지고 전문가들의 의견을 최대한 존중해준 교장 선생님 및 교직원들뿐만 아니라 이 프로젝트에 동참한 디자인 디렉터들의 소중한 시간과 열정이 한몫했다고 생각한다.

예산도 적고 공사도 까다로운 힘든 상황에도 불구하고 전문가들이 싫은 소리 한번 하지 않고 끝까지 공사를 마칠 수 있었던 가장 큰 이유는 자신들의 수고가 학생들에게 긍정적인 효과를 줄 수 있을 것이라는 기대와 확신이 있었기에 가능했던 일이었다.

"이 프로젝트는 굉장한 보람을 느끼게 해줘요. 내가 설계한 공간을 사람들이 의미 있게 사용하는 모습을 보는 것에서 건축가로서 행복을 느끼는데, 학교 건축은 특히 그 규모에 비해 더 큰 보람을 느낄 수 있어 좋아요."

🏠 ✚ '너'와 '나'를 '우리'로 만드는 소통의 공간

아이의 본분은 '공부'가 아닌 '자아 발견'이다. 아이들은 놀이터, 운동장, 교실 곳곳에서 어울리고 뛰어놀면서 아이들끼리의 관계를 생성할 뿐만 아니라 사회를 배우고 좌절과 갈등을 맛보며 우정을 키운다. 놀이를 통해 서로가 화합하게 되고 자신의 존재감을 느낄 수 있다. 비록 작은 공간이라도 아이들만의 쉼터가 있다면 웃고 떠들고 함께 어울려 놀면서 스트레스도 해소하고, '너'와 '나'에서 '우리'로 함께 성장해나갈 수 있다. 놀이를 통한 소통은 즉 아이들에게 있어 사회생활의 축소판인 것이다.

도시에서

자연과

공존하며

사는 법

이 천 한 국 도 예 고 등 학 교

디자인 디렉터 | 최지현

나무 한 그루,
꽃 한 송이 없는
삶

요즘 아이들은 숨 가쁜 일상 속에서 하늘과 얼굴을 마주하는 법을 잊은 채 살고 있다. 식물의 향기에 담겨 있는 위로도, 귓가를 스치는 바람의 노래도 알지 못한 채 그저 집과 학교, 학원을 오가며 메마르고 건조한 일상을 살아가는 것이다.

내가 어렸을 때만 해도 산과 들을 뛰어다니며, 자연의 소리와 향기를 마음껏 느끼며 자랐는데……. 나는 회색빛 콘크리트로 둘러싸인 도시에서 나고 자라 자연과 접할 기회조차 갖지 못하는 아이들이 언제나 제일 안타까웠다. 나무 한 그루가 그 어떤 위대한 철학자보다도 더 큰 깨달음을 줄 수 있고, 꽃 한 송이가 가장 강력한 치유제가 될 수 있다는 것을 아이들에게 들려줄 방법, 어디 없을까?

그런 고민을 하던 무렵, 인구당 개인 정원의 면적이 가장 넓은 나라인 영국에서 내려오는 속담 하나가 내 마음을 흔들었다.

"정원이 없는 집에서 사는 것은 영혼 없이 사는 것과 같다."

'그래, 정원을 만드는 거야! 차를 타고 시골로 멀리 나갈 필요 없이 아이들이 머무는 곳의 가장 가까운 곳에 말이야.'

마침 버려진 옥상 공간에 대한 활용성을 제기하며, '문화로 행복한 학교 만들기' 프로젝트에 신청서를 낸 학교가 있었다. 대한민국 최초의 도예 전문·특성화 고등학교인 이천 한국도예고등학교였다.

현장 심사를 하러 내려간 그곳은 도심에서 상당히 떨어진 외곽에 위치해 있었다. 또 전국에서 지원한 학생들이 모이는 특성화 고등학교이다 보니 학생들 대부분은 기숙사 생활을 하고 있었다.

심사 대상인 옥상을 보기 위해 학교 건물 내부의 계단을 올라가던 중, 계단 옆 벽에 타일 형태로 붙여진 학생들의 도자기 작품이 내 눈을 사로잡았다. 학생들의 작품들을 모아서 하나의 그림으로 완성했는데, 과연 특성화 학교답게 그 감각과 창조성이 인상적이었다.

그렇다면 옥상은 어떨까, 궁금증을 안고 올라가본 그곳은 사면이 뚫려 있고 주변에 큰 건물도 없어서 시야가 탁 트인 전망을 누릴 수 있는 곳이었다. 옥상 한편에는 예절 교육실이 있었고, 또 그 옆에는 캐노피가 설치돼 있었다. 처음부터 공원으로 조성하려고 했는지 도자기 작품이나 공예품도 눈에 띄었다. 그런데 문제는 방수층이 깨진 바닥과 여기저기 떨어진 시멘트 부스러기들, 노출되어 있는 에어컨 실외기, 높은 콘크리트 벽 등 산만하고 을씨년스러운 분위기 때문에 공원이 주는 휴식과 여유와는 동떨어져 보인다는 점이었다.

우선 시각적으로 깨끗하게 할 필요가 있었다. 삭막한 공간에 생명력을 불어넣기 위해 무엇을 해야 하나, 아이들의 숨통을 틔워주려면 이곳

공간이 아이를 바꾼다

을 어떻게 디자인해야 하나, 그때부터 본격적으로 옥상의 작은 정원에 관한 연구와 실험이 시작되었다.

우리는 옥상에서 힐링한다!

늘 그랬던 것처럼 학생들에게 옥상이 어떻게 바뀌길 바라는지 물어보는 설문 조사가 제일 먼저 실시되었다. 결과는 내 예상에서 크게 빗나가지 않았다. 학생들은 오롯이 휴식을 취할 수 있는 '녹색의 힐링 공간'을 원했다. 갖가지 꽃과 나무, 벤치가 어우러진 공원을 산책하고 싶어했다.

구체적으로 옥상 정원이 있다면 무얼 하고 싶은지에 대해서도 학생들의 의견을 조사했다. 그 결과, '밤하늘의 별 바라보기', '벤치에서 책 읽기', '누워서 낮잠 자기', '고기 구워 먹기', '식물 키우기' 등의 의견들이 나왔다. 학생들은 자신들만의 공간에서 주도적으로 할 수 있는 일들을 바라고 있었다. 아무래도 수업 시간이나 쉬는 시간 외에는 외부 활동이 통제되어 있고, 게다가 기숙 학교라는 특성 때문에 생활에 제약이 따르는 점 등이 답답했던 모양이다.

이런 마음은 선생님들도 매한가지였다. 선생님들 역시 "아이들과 옥상에서 고기를 구워 먹고 싶어요.", "캠핑 체험을 하면 좋겠네요.", "작은 텃밭을 만들어 채소들을 심고 가꾸고 싶어요." 등등 자신들이 꿈꾸는 공간에 대해 이야기했다. 나는 그들 모두의 희망 사항을 실현할 수 있는 가장 현실적인 대안을 선물해주고 싶었다. 일상의 지친 마음을 달래주는 사계절의 선물을.

예산은 한정되어 있어서 학생들이나 학교 측이 요구하는 바를 다 들어줄 수는 없었다. 그래서 서로 교집합이 일어나는 부분들을 우선순위로 해나가기로 했다. 제일 먼저, 기존에 캐노피가 있던 공간은 텐트를 넉넉하게 칠 수 있을 정도의 넓이로 새로이 만들었다. 선생님과 학생들이 바라던 대로 캠핑을 할 수 있는 공간을 마련한 것이다. 그곳에서 선생님과 학생들은 밤하늘의 별을 바라볼 수도 있고, 고기를 구워 먹거나, 잠도 잘 수 있다. 텐트를 설치하지 않는 평상시에는 여럿이 모여 앉아서 대화도 하고 자유롭게 누울 수도 있도록 나무로 된 평상을 두기로 했다.

사실 시공을 할 때 제일 큰일은 방수 공사였다. 바닥이 군데군데 갈라져 있어서 공사를 하지 않고서는 옥상에 나무를 심거나 포장을 하는 것이 불가능했기 때문이다. 그런데 지원받은 예산으로는 공사비가 부족해 전체적으로 방수를 할 수도 없는 노릇이었다. 그러던 차에 다행히 한국도예고등학교에서 예산을 더 보태주고, 옥상 녹화 전문업체인 에코앤바이오의 장성완 대표가 후원을 해주어 공사를 무사히 진행할 수

공간이
아이를
바꾼다

있었다.

옥상의 휑한 벽면은 계단 옆과 마찬가지로 도예학교의 특성을 살려 학생들의 작품을 활용하여 도자기 타일을 붙였다. 바닥에는 차가운 시멘트 대신 폭신한 잔디를 깔았다. 산책이 더 재미있어질 수 있도록 징검돌 형태로 걷는 길을 조성하고, 다양한 관목과 예쁜 꽃이 피는 초화류를 옮겨 심었다. 기존에 옥상에 있던 도자기 작품들은 옥외 갤러리처럼 전시 공간의 성격을 담을 수 있게 꾸몄다.

이제 옥상은 꽃과 풀 내음이 가득한 녹색의 휴식처가 되어 몸과 마음을 건강하게 지킬 수 있는 공간이 되었다. 아이들은 하늘과 껑충 더 가까워졌으며, 꽃잔디, 벌개미취, 수수꽃다리, 비비추, 애기기린초, 산수

2009 '문화로 행복한 학교 만들기' – 이천 한국도예고등학교.
삭막한 옥상 공간이 작은 정원으로 새롭게 탈바꿈했다.
디자인 디렉터 | 최지현
ⓒ한국도예고등학교

유, 영산홍 등이 부지런히 자라나는 소리를 들을 수 있게 됐다. 사계절의 흐름을 보면서 가장 직접적이고 친밀하게 자연을 경험할 수 있게된 것이다. 휴식과 생태 교육을 자연스럽게 배울 수 있는 공공의 옥상정원은 그렇게 탄생했다.

자연의 놀라운 능력, 우리 아이가 달라졌어요!

식물들을 가까이에서 돌보고 햇빛과 바람을 즐기면, 아이들은 환한 기운을 되찾고 정서적으로 안정을 느끼게 된다고 한다. 이는 과학적으로 입증된 사실이기도 하다. 숲에 가면 가슴이 탁 트이는 듯 상쾌하고 눈이 맑아지는 것은 단순히 기분 탓이 아니라 숲 속의 식물들이 만들어내는 피톤치드 효과 때문이다. 식물들은 세균이나 벌레들로부터 자신을 보호하기 위해 피톤치드라는 물질을 내뿜는데, 이는 항균 작용, 심폐 기능 강화, 면역력 증가 등 우리 인체에도 상당히 도움이 된다고 알려져 있다. 또 식물을 돌보거나 혹은 식물 근처에 서 있기만 해도 정서적 안정감을 얻을 수 있다고 한다.

게다가 자연과 함께하는 아이들은 자연의 성장 속도에 따라 느리게,

천천히 사는 법을 자연스럽게 배울 수 있다. 한국도예고등학교 학생들은 답답하거나 스트레스를 받을 때 옥상에 가면 마음이 편해진다고 한다. 꽃을 보면서 욕을 하거나 화를 내는 사람이 없듯이 사용하는 언어 역시 순화되고, 친구들과 여유로운 시간을 함께 공유하면서 서로 더 가까워지게 된다는 것이다. 친구와 다투더라도 옥상에 가면 금세 화해하게 된다고 말하며 아이들은 함박웃음을 지었다.

"학교에서 일어나는 폭력이 완전히 없어졌어요. 덕분에 학생부의 일이 완전히 줄어들었죠."

학생주임의 말에, 나는 놀라지 않을 수 없었다. 단지 옥상에 작은 정원을 조성했을 뿐인데 학생들은 크게 변화하고 있었던 것이다.

그동안 옥상은 학교에서 '화장실' 다음으로 부정적인 공간 중 하나였다. 내가 학교에 다니던 시절 역시 학교 옥상은 흡연을 비롯한 일탈의 장소가 되어 아이들이 기피하는 곳 중 하나였다. 주먹질하는 아이들이 "야, 너 옥상으로 따라와!"라고 말하는 순간, 우리는 얼마나 공포를 느꼈던가!

위험하다는 이유로, 혹은 관리가 어렵다는 이유로 요즘 학교들은 아예 옥상 출입을 금지시키는 경우가 많은데, 이곳 역시 옥상 정원이 만들어지기 전까지는 아이들에게 옥상을 개방하지 않았다고 한다. 옥상 정원을 만들고 나서도 개방하게 되면 문제가 생기지 않을까 하는 염려가 있었는데 다행히 아무런 문제도 일어나지 않았다. 아이들은 자신들에게 허락되지 않았던 공간이 언제든지 찾아가 휴식을 취할 수 있는 쉼터로 바뀐 것에 대해 굉장히 기뻐하면서 책임감을 갖고 옥상 정원을 돌보기 시작했다.

옥상 정원은 아이들의 정서적 안정이나 생태적인 측면에서도 의미가 있지만 차별화되고 특화된 이러한 공간 덕분에 아이들이 학교에 대한 자부심을 가진다는 점에서도 의미가 있다. 이외에도 학부모들의 모임이나 선생님들 회의 장소로도 사용되는 등 소통의 장소로 잘 활용되고 있단다. 한영순 교장 선생님은 이렇게 말했다.

"아이들은 옥상에서 자유롭게 바비큐 파티를 하고, 반 모임을 갖고, 대화도 나눈답니다. 평상에 누워 있기도 하고, 차를 마시기도 하죠. 외부에서 손님이 오면 제일 먼저 모시고 가는 장소이기도 해요. 외부인들이 보면 얼마나 부러워하는지. 우리 학교의 자랑거리예요."

옥상에서 바비큐 파티를 한다니……. 고기를 구워 먹는 공간은 처음에 회의를 할 때부터 학생과 교사들이 모두 원했던 것인데, 정말 그걸 하고 있다니 신기했다. 고기를 구워 먹고, 누군가 기타를 치고, 별을 보며 캠핑을 하고. 신선놀음이 부럽지 않단다. 꼭 특별한 파티를 열지 않아도 일상이 축제가 된단다. 이런 소소한 추억들을 함께 만들면서 학생과 학생, 학생과 교사 간의 정이 더욱 돈독해지지 않을까. 정원이 선사하는 또 하나의 선물은 바로 기쁨의 공유라는 사실을 이곳이 다시 한번 일깨워주는 것만 같았다.

교내 전체를 정원처럼 꾸민 동산초등학교.
ⓒ 김경록

평생의 행복을
원한다면
정원을 가꿔라

식물은 아이들과 참 닮은 점이 많다. 단순히 환경만 잘 조성해준다고 끝나는 게 아니라 관심과 애정을 주는 만큼 예쁘게 자라난다. 돌보고 가꾸는 데 많은 수고가 필요하지만 그만큼 깊은 행복과 충만한 기쁨을 느끼게 해준다.

"정원을 가꾸는 일이야말로 가장 위대한 마지막 완성이 될 것이다." 라고 한 독일의 소설가 헤르만 헤세의 말처럼 자연과 함께하는 것은 삶의 성찰들의 완성이며, 최고의 삶의 가치이다. 마치 아이를 낳고 부모가 된 뒤에야 세상을 보는 새로운 눈을 갖게 되는 것처럼 자연에 눈 뜨고 자연과 더 가까워지면 일상이 더 아름답고 더 풍요로워진다.

자연의 흐름을 따르며 삶의 여유를 찾고 싶다면 마당이나 옥상 공간이 없더라도 집에서 작은 화분이라도 키우며 아이와 함께 자연을 가까이하는 시간을 가져보라고 권하고 싶다. 매일같이 자연을 접할 때 느끼는 기쁨은 그 무엇과도 비교할 수가 없기 때문이다.

큰 결심을 하고 시골로 떠나지 않아도, 마당 딸린 집으로 이사 가지 않아도 베란다나 주방에 작은 화분 몇 가지만 가져다놓아도 그곳이 바로 작은 정원이자 치유의 공간이 될 수 있다. 자연은 위로가 필요한 사람들에게 언제나 따뜻하고 상냥하게 손을 내밀어준다. 마치 엄마 손처럼.

🏠 ✦ 도시에서 자연 아이로 키우기

영국의 낭만파 시인이었던 윌리엄 워즈워스는 "자연이 도시의 악을 씻어내는 데 필수적인 해독제"라고 말하며 자연으로 떠나는 여행을 추천했다. 자연은 건강 회복뿐만 아니라 영혼의 조화를 위해서도 유익하다. 특히 자라나는 아이들에게 생태 교육은 필수적인데, 자연이 아이의 공감 능력과 생태적 감수성을 키우는 데 절대적인 영향을 끼치기 때문이다. 삶의 풍요를 가르쳐주는 선생님이자 오감을 자극하는 놀이터로 자연만큼 좋은 게 없다. 부정기적으로라도 아이와 함께 각박한 도시를 탈출해, 자연에서 보고 느끼고 배우는 생태 여행을 떠나보는 건 어떨까.

우리가

몰랐던

도서관의

진정한 가치

부 산 신 선 초 등 학 교

디자인 디렉터 | 이소진

한 권의 책,
한 권의 세상

"한 나라의 과거를 보고자 하면 박물관에 가고, 현재를 보고자 하면 시장을 갈 것이며, 미래를 보고자 하면 도서관이나 학교에 가라."는 말이 있다. 그만큼 학교와 도서관은 한 나라의 역량을 가늠할 수 있는 지표이며, 공교육의 중심이 되는 곳이기도 하다.

그렇다면 우리나라 학교 도서관의 현실은 어떠한가? 치열한 입시 경쟁과 주입식 교육으로 인해 학생들에게는 교실이나 학원 이외의 공간에서 보낼 수 있는 시간이 좀처럼 주어지지 않는다. 더군다나 문제집이나 교과서 외의 책을 읽을 시간은 더더욱 부족하다. 대학교의 도서관을 제외하고는 도서관이 있다 하더라도 학교에서 가장 외진 곳에 위치해 있고, 개방 시간도 제한되어 있어서 책을 대출하거나 반납하는 것도 불편하다.

학생들을 대상으로 학교 도서관을 이용하지 않는 이유를 조사해보면 '읽을 만한 책이 없어서'라는 답이 제일 많이 나온다고 한다. 이렇듯 빈약한 장서 보유와 그마저도 이용자가 없어서 한산한 대출 창구가 대한민국 학교 도서관의 현주소이며 우리 교육의 현주소이다. 교과서나 입시 관련 책 외에는 일 년간 책을 한 권도 읽지 않는 학생이 수두룩하다고 하니 이 나라의 장래가 심히 걱정되지 않을 수 없다. 자식에게 책을 읽어야 한다고 말하는 부모들조차 막상 자신은 책을 읽지 않는 경우가 많으니 어찌 보면 당연한 결과인지도 모른다. 염려스러운 건 해마다 독서량이 '꾸준히' 감소하는 추세라는 것이다.

미국이나 영국, 일본 같은 나라들이 책 읽기를 지적 능력 계발의 가장 효과적인 수단으로 보고, 독서 교육에 많은 힘을 쏟는 것과는 달리, 우리나라는 아직 갈 길이 멀어 보인다. 몇 년 전부터 학교 도서관의 중요성이 부쩍 강조되면서 학교 도서관이 많이 지어지고, 외형적인 면에서도 리모델링 작업이 이뤄졌지만 여전히 학교 도서관이 제대로 된 학습과 교육 공간으로 활용되고 있다고 보긴 어렵다. 그저 형식적으로 존재하고 형식석으로 사용될 뿐이다.

켜켜이 먼지를 뒤집어쓴 채 잠들어 있는 책들이 제대로 그 쓰임새를 다할 수 있도록 하려면 어떻게 해야 할까? 스마트폰이나 컴퓨터로 손이 먼저 가는 아이들에게 책 읽기의 즐거움을 발견하게 하고 스스로 도서관을 찾게 하려면 학교 도서관이 어떻게 바뀌어야 할까? 단순히 외형적으로 크고 화려한 도서관이 아니라 사용자가 행복한 도서관이란 어떤 곳일까?

지금부터 나는 아이들이 마음껏 책을 읽고 편안하게 쉴 수 있는 기적의 도서관에 대해 말하고자 한다.

환경을 조성해주면 아이들은 책을 본다!

누워서 책을 보던 아이들이 교장 선생님이 도서관에 들어서자 벌떡 일어난다. 그 모습을 본 교장 선생님이 기분 좋은 미소를 지으며 말한다.

"누워서 봐. 괜찮아. 괜찮아."

아이들의 미래를 위해 책을 많이 읽을 수 있는 공간이 있었으면 좋겠다는 바람으로 '문화로 행복한 학교 만들기'를 신청한 부산 신선초등학교의 심태호 교장 선생님. 그는 도서관이 바뀌고 난 뒤부터 매일같이 그곳에 들러 아이들이 책을 읽는 모습을 흐뭇하게 지켜본다고 한다.

"아이들이 도서관을 찾지 않는 것은 모두 어른들 책임입니다."라고 말하는 심 교장은 학생들이 책에 대해 느끼는 부담을 최대한 줄여주고 책과 친해질 수 있도록 '놀이터'와 같은 도서관을 만드는 데 세심한 배려와 정성을 기울이고 있다.

부산 영도구에 위치한 신선초등학교는 부산역에서 가까운 입지로, 주변에 아파트도 있긴 하지만 많은 아이들이 가정 형편이 여유롭지 못해 산자락의 오래된 집들에 살고 있다고 한다. 심태호 교장은 이 학교에 부임하면서 독서야말로 부자건 가난한 사람이건 간에 누구에게나 평등하게 제공될 수 있는 교육이라고 생각해 학교에서라도 책을 마음껏 읽을 수 있는 환경을 제공해주기로 결심했단다.

그러던 중 2011년에 '문화로 행복한 학교 만들기' 사업에 대한 소식을 듣고 '우리 학교에 꼭 필요한 사업이구나.' 하는 생각에 바로 신청했다고 한다. 아이들을 창의적 인재로 기르기 위해서라도 학교 도서관이 꼭 필요하기 때문이었다.

이소진 디자인 디렉터가 설계를 맡았을 때 가장 염두에 두었던 대상역시 도서관의 주인인 '아이들'이었다. 도서관 리모델링의 방향을 결정하기 위해 고학년 학생들을 대상으로 설문 조사를 해보니, 저학년과 고학년을 분리해 각각 별도의 공간을 만들어주었으면 하는 바람이 있기도 했다. 초등학교는 저학년과 고학년 간의 성장 발달에 편차가 크기때문에 양쪽을 다 만족시키며 편리하게 이용할 수 있도록 프로젝트 팀은 고심해서 만들어야 했다. 협소한 면적 때문에 각각 별도의 공간을따로 만들 수는 없었지만 아이들의 요구를 반영해 계단 및 중층을 활용하여 확장 공사를 실시했고, 계단을 따라 단차가 있는 평상 공간을만듦으로써 그 틈새 공간도 활용할 수 있도록 설계했다.

기존의 딱딱한 책걸상이 아닌 소파와 같이 푹신한 의자나 누워서도책을 볼 수 있는 공간을 원하는 아이들의 요구를 받아들여, 신발을 벗고 맘껏 뒹굴 수 있고 뛰어다닐 수 있는 공간을 만들어주었다.

전체적으로 오래되고 어두운 색깔의 책장이 창문을 막고 있어 답답하게 느껴지던 공간은 책장을 낮은 걸로 바꾸고 돌출형 창문을 설치함으로써 시각적인 답답함을 해소했다. 돌출형 창문으로 인해 아이들은

2011 '문화로 행복한 학교 만들기' – 부산 신선초등학교,
평상에 옹기종기 올라앉아 책을 읽는 풍경.
디자인 디렉터 | 이소진
© 한국공예 · 디자인문화진흥원, 박정훈

창가에 앉아 창밖의 바다 풍경을 감상하며 책을 읽을 수 있게 되었다. 겨울에도 창가 자리가 춥지 않도록 난방 시설까지 추가했다. 그 외에도 사소한 것들, 눈에 보이지 않는 부분들까지 세심하게 신경을 썼다.

　사실 공사를 맡은 업체나 디자인 디렉터는 정말 이윤이라고 할 수조차 없을 정도로 남는 것도 없고 고생만 했던 일이라 지금도 그분들을 생각하면 고마운 마음이 크다. 시공할 것은 많은데 예산은 턱없이 부족해서, 공사가 막바지에 이르렀을 무렵에는 평상 밑에 설치한 조명에 덮을 아크릴 뚜껑을 설치할 돈이 없을 정도였단다. 그처럼 예산이 부족한 상황에서도 프로젝트 팀은 한 푼이라도 공사비를 아끼기 위해 자신의 시간을 쪼개어 징싱으로 도서관 구석구석을 매만져주었다. 이렇게 한 사람, 한 사람의 마음이 합해져 도서관 공사를 무사히 마칠 수 있었고, 아이들은 바다가 보이는 행복한 도서관을 선물로 받게 되었다.

사람은 도서관을 만들고, 도서관은 사람을 만든다

도서관이 완성된 후 가장 달라진 변화는 뭐니 뭐니 해도 이용하는 학생 수가 월등히 많아졌다는 사실이다. 어떤 때에는 점심시간에만

70~80명 정도가 온다고 한다. 아이들은 책을 읽기도 하고, 책을 읽지 않아도 그냥 앉아서 얘기도 하고 놀다가 가기도 한단다. 재미있는 공간이 많으니까 여기도 앉아보고 저기도 앉아보고 하면서 자리를 바꿔가며 책을 읽기도 하고, 책 사이를 뛰어다니며 놀기도 하고, 누워서 책을 읽다가 잠이 오면 자기도 한단다. 그야말로 도서관이 책과 더불어 노는 놀이터이자 아이들의 쉼터가 된 것이다.

특히 공간이 낮은 계단으로 1층, 2층, 3층까지 구분돼 있어, 저학년들에게 인기 만점이란다. 아이들은 원래 계단이나 다락방 같은 걸 좋아하지 않는가. 아이들의 행동과 눈높이에 맞춰 도서관을 디자인하니 아이들이 이곳에 오는 걸 좋아한다며 학교 측은 진심으로 '문화로 행복한 학교 만들기'에 고마워했다. 하지만 무엇보다 교장 선생님을 비롯해 선생님들의 따뜻한 배려와 노력 없이는 이런 결과를 낳을 수 없었을 것이다. 아이들이 부담감 없이 편안하게 도서관에 머물다 갈 수 있도록 학교 측에서는 최선을 다하고 있었다.

대다수의 사람들은 아마도 도서관이라고 하면 정 자세로 앉아 조용하게 책을 읽으며, 학습하는 곳이라고 생각할 것이다. 학교 도서관에서 누워서 책을 보는 학생이 있다면 분명 똑바로 앉으라고 불호령이 떨어질 게 뻔하다. 그런데 이곳은 정반대이다. 학생들이 누워서 책을 읽거나 재잘재잘 떠들어도 야단치거나 뭐라 하는 선생님이 없다. 오히려 도서관에서만큼은 얼마든지 편하게 있다가 가라고 말한다.

"선생님들의 눈치를 보지 않고 자유롭게 책을 읽을 수 있도록 해주니까 도서관을 찾는 아이들이 예전에 비해 3분의 1가량 늘어난 것 같아요. 도서관을 자주 찾게 되면서 책에 대한 아이들의 거부감도 많이 줄어들었어요. 아이들이 들르고 싶어하는 공간으로 만들어주는 게 정말 중요한 것 같아요."

도서관 사서인 신소순 선생님은 도서관이 책만 읽는 공간이 아닌, 책과 함께 놀 수 있는 공간으로 바뀌고 나니 아이들이 어느새 책과 친해져 있더라고 말한다. 아이들이 도서관을 놀이터처럼 드나들면서 재미를 느끼고, 또 책에 대한 거부감이 없어지고 나니, 평소 책을 잘 읽지 않는 아이들도 부심코 책을 뽑아서 보더란다. 책을 읽어야 하는 과제로 생각하는 것이 아니라 놀이로 받아들이니 자연스레 책을 가까이 할 수 있는 것이다. 아이들은 이제 잠깐이라도 시간이 남으면 도서관으로 가 한두 페이지라도 책을 읽거나, 통유리로 된 창가에 앉아 바다를 구경하기도 한단다. 이전에는 시야가 높은 책장으로 가로막혀 바다가 보이지 않아 답답했는데, 지금은 푸르른 창밖을 바라보며 사색도 할 수 있고, 정서적으로 안정된 상태에서 책을 읽을 수 있어서 힐링의 효과를 톡톡히 보고 있다고 한다.

공간이
아이를
바꾼다

책을 통해 성장하는 아이들

아이들이 책과 친해질 수 있게 하려면, 먼저 도서관과 친해질 수 있게 만들어야 한다. 아이들이 책을 가까이하지 않는 것은 그동안 생활 속에서 독서가 습관으로 자리 잡을 수 있게 만들어주는 환경이 조성되지 않아서일 경우가 많다.

신선초등학교는 학생들이 책과 자연스레 친숙해질 수 있도록 노력을 기울였고, 그 결과 아이들은 책과 친구가 되었다. 여기에서 그치지 않고 신선초등학교에서는 영화 상영에서부터 건강 교실까지 다양한 프로그램을 열어서 학부모들과 지역 주민들의 참여를 유도해, 도서관을 지역 문화 거점의 공간으로 만드는 데 힘을 쏟고 있다. 독서 교육은 결국 가정과 학교와 지역이 함께 가야 한다는 믿음 때문이었다.

학부모들은 특히 '별밤'과 '리딩데이' 같은 책 읽기 행사를 좋아한다고 한다. '별밤'은 밤에 같이 책을 읽을 기회가 없었던 학부모와 학생들이 저녁 6시부터 8시 사이에 자유롭게 와서 책을 읽으면서 이야기를 나누는 행사이며, '리딩데이'는 하루 24시간 동안 책을 읽는 행사로 제출한 독후 활동기를 선별해서 상을 주기도 한단다.

이러한 행사들을 통해 책으로 소통하고 문화를 만들어간다는 점에서 정말 대단하다는 생각이 들었다. 아마도 아이들을 위해 무엇을 해줄 수

"아이들이 책과 친해질 수 있게 하려면,
먼저 도서관과 친해질 수 있게 만들어야 한다."

2011 '문화로 행복한 학교 만들기' — 부산 신선초등학교.
창가에서 따사로운 햇살을 받으며 책 읽기에 열중하는 아이들.
디자인 디렉터 | 이소진
© 한국공예 · 디자인문화진흥원. 박정훈

있을까를 고민하는 교장 선생님과 선생님들이 있었기에 가능한 일이 아니었을까.

공사가 완공되었을 때 6학년이었던 아이들은 도서관을 얼마 못 누리고 졸업을 해서 많이 아쉬워했는데, 중학교에 가서도 방학이 되면 이곳 도서관을 잊지 못하고 놀러오는 경우도 종종 있다고 한다. 그만큼 모교의 도서관이 그 어디에서도 만날 수 없는 자유롭고 행복한 공간으로 아이의 기억 속에 남은 것이다.

예쁜 도서관으로 인해 덕을 본 사람은 또 있었다. 신소순 사서 선생님이 도서관에서 아이들과 함께 행복하게 책을 읽는 사진이 〈자활 사진 공모전〉에서 은상으로 입상을 하게 된 것이다. 그녀는 "도서관이 예뻐서 덕을 많이 봤습니다."라고 말하며 도서관 자랑을 아끼지 않았다. 아니, 자랑을 넘어 도서관에 대한 자부심까지도 느낄 수 있었다.

나는 잠재력이 무궁무진한 아이들에게 있어 따뜻하고 행복한 공간에서 책을 읽으며 꿈을 키우는 것보다 더 소중한 일은 없다고 생각한다. 꾸준한 독서 습관은 생각을 다스리고 사고력을 높이는 데도 도움이 되며, 청소년기의 방황을 줄이는 데도 효과가 있다. 게다가 책을 통해 삶의 지혜와 살아갈 원동력을 얻을 수도 있다. 이 얼마나 좋은 기회인가!

공사 과정에 참여한 많은 이들이 비록 고생은 했지만 신선초등학교 아이들이 편안하고 안락한 도서관을 가지게 되어 정말 이루 말할 수 없이 기쁘고 행복하다. 아이들과 책의 관계가 점점 깊어질수록 아이들의 웃음도 많아지고 생각도 커가길, 그리고 그곳에서 꿈을 키우며 행복한 추억을 많이 만들길 기대해본다.

🏠 ➕ 평생 학습, '읽기'가 좌우한다

많은 책을 사들여 아이 책장에 예쁘게 꽂아주는 것만으로 부모의 할 일이 끝났다고 생각해서는 안된다. 책 읽기는 '문화'이다. 아이 혼자 읽게 하는 것보다 부모가 함께 읽어야 그 효과가 크다. 그리고 책을 많이 읽는 것보다 책을 좋아하는 것을 목표로 해야 한다. 성적을 올리기 위한 수단으로 책 읽기를 가르치기보다 생활 깊숙이 습관으로 자리 잡을 수 있도록 동기부여를 해주는 게 중요하다. 어릴 때는 아이들의 눈높이에 맞춘 책장에서 읽고 싶은 책을 마음껏 꺼내 볼 수 있게 하고, 아이 스스로 책을 진열할 수 있도록 높이가 낮은 책장을 선택하는 게 좋다. 책을 책장에만 꽂아두지 말고 아이 손이 닿을 만한 곳곳에 배치함으로써 책과 친숙해지도록 하는 것도 한 방법이다. 책을 만져보고, 냄새 맡고, 한 장 한 장 넘겨보면서 그렇게 아이들은 책과 친해질 수 있다.

진정한

행복을

나눠주는

학교란

밀 양 무 안 중 학 교

디자인 디렉터 | 박광철

철학 있는
학교

대한민국의 학교를 아름답게 하기 위해 불철주야 고민하시는 문화체육관광부 공간문화팀장님. 저는 밀양 무안중학교 교장입니다. 저 역시 평소에 학교가 사회의 다른 공간보다 낙후되어 있다는 생각을 많이 하고 있었습니다. 아이들의 정서가 안정되려면 감동이 많아야 하고 자기가 존중받는 느낌이 들어야 합니다. 그래서 제가 추구한 것이 아름다운 학교입니다. 그런데 우리 학교의 화장실은 너무나 열악합니다. 북한의 화장실도 이보다는 나을 것입니다. 저희 학교가 선정되지 않아도 좋으니 한 번만 방문해 주시기 바랍니다.

2008년 1월, '문화로 행복한 학교 만들기' 앞으로 편지 한 통이 도착했다. 경남 밀양에 위치한 무안중학교에서 온 이 편지는 사람들의 마음을 움직이는 큰 힘이 있었다. 학생들을 생각하는 교장 선생님의 따뜻한 마음이 담긴 편지를 차마 그냥 넘길 수가 없어서 문화체육관광부의 '문화로 행복한 학교 만들기' 담당자인 전택환 사무관(현 체육정책과)과 함께 무안중학교로 향했다.

밀양역에서 한참을 달려 마을과도 제법 떨어진 농경지 한가운데에 무안중학교가 있었다. 야트막한 산들로 둘러싸인 학교는 교문에서 몇

발짝 옮기면 논밭이 펼쳐지는, 전형적인 시골 학교의 모습이었다.

학교에 들어서자마자 개량 한복을 입은 시골 사람인 듯 보이는 한 남자분이 우리를 반갑게 맞이하며 인사를 건네왔다. 우리에게 편지를 보낸 무안중학교의 이용훈 교장(현 경남 고성중학교 교장) 선생님이었다. 사실 그때 나는 인사를 하는 동안에도 바로 앞에 펼쳐진 학교 풍경에서 좀처럼 시선을 떼지 못했다. 학교 건물은 한눈에 봐도 오래되고 낡아 보였다. 건물 외벽에는 콘크리트 철근이 튀어나와 있었고, 벽마다 금이 안 간 곳이 없었다. 말 그대로 여기저기 손볼 데가 한두 군데가 아니었다.

교장 선생님은 "사람들은 주변 경치만 보고 학교 다니기 참 좋겠다고 이야기하는데 내부를 둘러보면 절대 그런 말 못합니다."라고 이야기를 꺼냈다.

부임 첫날, 학교의 참담한 모습을 보고 자신 역시 할 말을 잃었다고 한다. 남은 정년과 인생을 농촌에서 보내자는 생각에 초빙 공모 교장으로 전교생 150명가량의 이곳으로 내려왔는데, 30년 전에 지어진 학교는 벽이 갈라지고 곳곳에 유리창도 깨져 있을 뿐 아니라 곰팡이까지 피어 있었단다. 벽의 갈라진 틈에 횟가루를 바르고 색칠도 했지만 근본적인 해결책은 될 수 없어서 '문화로 행복한 학교 만들기'의 문을 두드리게 되었다고 한다.

학교 내의 이곳저곳을 둘러보니 상황은 더욱 심각했다. 아이들이 식사를 하는 급식소는 허술한 가건물로 지어져 있었으며, 교내 시설들이나 교구들도 많이 낡아 수리나 교체가 시급해 보였다. 컴퓨터실의 컴퓨터는 1999년에 교육청으로부터 지급 받은 오래된 것으로 도시 학교의 컴퓨터와 너무나 차이가 났다. 운동장의 농구대는 삐걱대며 금방이라도 무너져 내릴 것만 같았다.

학생들이 사용하는 화장실은 더 처참했다. 수세식이긴 했지만 한 명이 겨우 지나갈 정도로 통로가 좁았고, 악취가 너무 심해 숨 쉬는 것조차도 힘든 상황이었다. 환풍기를 달았지만 먼지가 잔뜩 쌓여 있어 그마저도 거의 무용지물이었다.

"우리 학교보다 더 열악한 학교가 있으면 그 학교를 먼저 해주세요." 라는 교장 선생님의 너무나도 착한 이 한마디에 내 가슴이 먹먹해지고 눈물까지 핑 돌았다. 안쓰러운 마음에 시찰을 끝내고 나서도 차마 발걸음이 떨어지지 않았다. 전택환 사무관과 나는 심사를 마치고 서울로 올라오면서 한동안 아무 말도 하지 않았다. 아마도 각자 '어떻게 하면 저곳의 아이들을 도와줄 수 있을까?' 하는 고민을 하고 있었으리라. 서로 내색은 하지 않았지만 이미 마음은 무안중학교로 향해 있었던 것이다. 서울로 돌아온 우리는 다음 학교 개선지로 무안중학교를 골랐지만 가장 큰 문제는 책임지고 진행할 사람을 찾는 일이었다. 학교가 워낙 시골에 위치한 터라 주변에 디자인 관련 업체도 없었고, 관련 전문가도 찾을 수가 없었다. 디자인 디렉터를 정하는 일 역시 그리 간단치가 않았다. 시작부터 난관에 부딪쳤지만, 어떻게 해서든 무안중학교와 '학교 업그레이드 프로젝트'를 함께할 방법을 궁리해야 했다.

다행히 문화체육관광부에서 이 사업을 담당하는 한민호 과장님이 좋은 묘책을 내놓았다. 자신의 친구인 부산 동의대 산업디자인학과 박광철 교수에게 부탁을 해보라고 한 것이다. 제안을 받은 박광철 교수는 곧장 무안중학교로 내려가 학교를 둘러보고, 이용훈 교장을 만나 학교의 실상에 대해 이야기를 들었다.

"사실 나는 교장 선생님한테 반했어요. 사람한테 반해서 이 일을 하게 되었죠."

박광철 교수는 자신이 이 프로젝트에 참여하게 된 결정적인 계기가 바로 이용훈 교장의 지갑 속 종이에 적혀 있는 문구 때문이었다고 말한다. 거기에는 '무안중학교가 우리나라에서 가장 좋은 학교가 되었으면 좋겠습니다.'라는 글이 적혀 있었다고 한다. 궁금해서 이게 뭐냐고 물어보니 이용훈 교장이 그게 바로 자신의 꿈이라고 대답하더란다. 학교를 향한 진심이 담긴 교장 선생님의 태도에 박광철 교수의 마음이 움직인 것이다. 그리고 지금의 결과를 만들어냈다.

"교육 봉사 활동이라는 것이 있는데 동의대 학생들을 데리고 와서 단순히 페인트만 칠할 것이 아니라 벽화와 같은 슈퍼 그래픽으로 해드리면 어떨까 합니다."

예산이 빠듯해서 화장실 공사를 끝내고 나면 페인트칠이나 외벽 보수할 경비가 걱정이라는 교장 선생님의 말에 박광철 교수는 색다른 제안을 하나 건넸다.

당시 동의대학교의 졸업 기준에는 봉사 활동 점수가 포함되어 있어서 자발적으로든 의무적으로든 누구나 매년 봉사 활동을 해야 했는데, 학생들은 농활(농촌 봉사 활동)을 떠나는 경우가 많았다. 이에 박광철 교수는 학생들이 자신들의 전공을 살리면서 뜻 깊은 일에도 동참할 수 있도록 교활(교육 봉사 활동) 팀을 꾸려 학교 곳곳에 벽화를 그리는 게 어떻겠느냐고 제안한 것이다. 교장 선생님과 교직원 전체는 "저희는 감사하죠."라고 말하며 반색을 표했다.

이에 부산 동의대 예체능대 7개 학과의 학생 70명이 참여한 '꿈드림 봉사단'이 구성되었고, 교육 봉사 팀과 농촌 봉사 팀으로 나뉜 봉사단은 5박 6일 동안 그곳에 머무르며, 무안중학교 학생들과 함께 학교 건물 내외부의 벽화 그리기 작업을 도맡아 하기로 했다.

벽화 그리기에 여념 없는 동의대 '꿈드림 봉사단.'
©박광철

　여름방학을 이용하여 드디어 공사가 시작되었다. 건물 벽은 금이 간 곳도 많고 시멘트가 떨어져나간 곳도 많아서, 그런 곳은 회반죽 같은 것으로 틈을 메우고 갈아서 정리까지 해야 하다 보니 손이 많이 가는 대공사였다. 교실 벽도 마찬가지로 울퉁불퉁해서 그림을 그려 넣기 위해서는 바르고 말리고 갈아내서 매끈하게 만들어야 했다. 게다가 외벽에 페인트를 칠하려면 건축용 발판, 일명 '아시바(건물 외벽에 계단을 설치해서 공사 인부들이 다닐 수 있게 만들어놓은 것)'를 이용해야 했는데, 난생처음 이곳에 올라간 학생들은 다리가 후들거릴 만큼 무서웠다고 한다. 그래도 정성을 기울여 맡은 바 임무를 다하는 그들의 모습은 예술 작품을 만드는 장인 못지않게 진지하고 성실했다. 그 모습들이 어찌나 대견하고 믿음직스러워 보이던지 '아, 청춘은 역시 예쁘구나!'라는 생각이 절로 들었다.

무안중학교 아이들 역시 대학생 선배들과 함께 학교 건물을 아름답게 만드는 데 일조했다. 아이들은 자기가 다니는 학교를 자신의 손으로 직접 꾸미면서 보람과 자부심을 느꼈다. 또 학부모들도 페인트 작업에 같이 참여해서 아이들과 함께 의미 있는 시간을 보냈다. 고맙게도 이번에도 KCC에서 페인트를 후원해준 덕분에 이 모든 작업이 가능할 수 있었다.

아름다운 동행은 이뿐만이 아니었다. '문화로 행복한 학교 만들기' 시범학교로 선정된 전주 양지중학교가 이곳 무안중학교와 자매결연을 맺어 여러 가지 지원을 아끼지 않은 것이다. 각종 정보와 노하우를 공유할 뿐만 아니라 학생들이 오가며 서로의 학교를 가꾸는 작업을 함께 하면서 영남과 호남 간의 소통과 상호 발전을 위해 힘써주었다.

이처럼 많은 이들의 도움으로 아름다운 학교가 만들어졌지만 그 과정에는 우여곡절도 참 많았다. 그중에서 가장 아찔했던 기억으로는 마지막 페인트 작업을 앞두고 소나기가 와서 그전에 작업한 것들이 다 씻겨 내려간 일이었다. 학생들은 벽화가 비를 맞지 않게 하려고 안간힘을 써가며 비닐을 덮었지만 결국에는 색이 거의 다 씻겨 내려가고 말

억수같이 내린 비에 벽화가 지워질까봐
비닐까지 덮어가며 작업한 현장의 모습.
ⓒ박광철

았다. 그래서 밤을 새워 다시 작업을 해야만 했다.

공사 기간 내내 비가 자주 와서 작업 환경도 좋지 않았고, 이로 인해 공사가 지체되는 일도 많았다. 여름밤 모기는 또 어찌나 극성이던지, 야간 작업이 어려울 지경이었다. 박광철 교수는 원하는 색을 만들기 위해 사비까지 들여 페인트를 따로 세 통이나 구입했지만, 그렇게 칠한 페인트가 비 때문에 다 흘러내리는 바람에 다시 구입해야만 했다. 결국 페인트 값으로만 200만 원 정도 사비가 들었다.

화장실 개선 공사에서도 위생과 청결을 기본으로 하여 변기, 타일, 세면대, 조명, 색깔 등을 정할 때에도 일일이 디자인과 실용성을 따져가며 고르고, 실제 사용자인 아이들의 의견까지 고려하느라 공사 기간은 예상보다 더 길어졌다.

그렇지만 이같이 어려운 상황에서도 함께하는 사람들이 있었기에 무안중학교는 결국 변화를 일궈낼 수 있었다. 불볕더위와 우중에도 불구하고 학교에서 숙식까지 해결해가며 열정과 애정으로 작업한 사람들이 있었기에 척박한 환경에서도 예쁜 꽃을 피워낼 수 있었다. 깨끗하고 쾌적한 화장실을 비롯해 음악실, 체육실도 밝고 화사하게 재탄생했다. 낡고 휑한 담벼락과 학교 건물 외벽은 형형색색의 벽화로 새 옷을 갈아입었다.

감동의 힘이
만드는
기적

"얼마 전에 제가 인터넷에 이런 글을 올렸습니다. '백화점 화장실이 우리 학교 화장실을 보고 울고 간다.' 학교 화장실이 바뀐 후에 아이들이 너무나 행복해합니다. 그게 얼마나 큰 자부심입니까?"

이용훈 교장은 어린아이처럼 함박웃음을 지으며 말했다. 이 짧은 말에서 그가 얼마나 학교 환경에 대해 만족하고 있는지 알 수 있었다. 교장 선생님이 이 정도인데 학생들은 오죽할까.

사람의 마음을 움직이는 힘은 바로 '감동'이다. 누군가에게 감동을 줄 때, 혹은 감동을 느낄 때 사람의 마음에는 변화가 일어난다. '문화로 행복한 학교 만들기'가 문화 공간으로부터 소외된 시골 학교에까지 관심을 기울일 수 있었던 것 역시도 무안중학교를 세상에서 가장 아름다운 학교로 만들겠다는 꿈을 항상 지갑 속에 넣고 다닌 교장 선생님이 있었기 때문에 가능한 일이었다. '아이들의 정서가 안정되려면 감동이 많아야 하고, 자기가 존중받는 느낌이 들어야 하는데, 그러기 위해선 학교가 먼저 아름다운 공간이 돼야 한다.'라는 그 믿음이 만들어낸 마음의 파동이 결국 또 다른 감동을 이끌어낸 것이다.

동의대 학생들의 땀방울과 노고로 그려진 벽화는 학교 공간을 아름답게 만들어 시골 학생들과 지역 주민에게 색다른 볼거리를 제공할 뿐만 아니라 '할 수 있다.'는 꿈과 희망까지 선사해주었다. 문화와 예술이 살아 숨 쉬는 아름다운 학교를 통해 아이들은 자부심과 보람을 느낄 수 있게 됐고, 그것을 자신들의 손으로 이뤄냈다는 데에서 성취감을 느꼈다.

이 모든 경험이 무안중학교 아이들과 동의대학교 학생들에게는 '소중한 추억'이자 '포기하지 않는 뇌'를 만드는 계기가 되지 않을까 기대해본다.

언젠가 책에서 그런 구절을 인상 깊게 본 적이 있다. 감동을 받는 순간 뇌에 좋은 변화가 일어나고, 큰 감동을 경험했던 사람일수록 어려운 순간에도 그것을 극복하려는 의지가 높아진다고 말이다. 감동이 가져오는 변화는 그만큼 힘이 세다고 한다. 바꿔 말하면, 감동 없는 일상을 하루하루 살아가는 아이들은 사회가 정한 틀 안에서는 그럭저럭 맞춰 살아갈 수 있겠지만 자신만의 삶의 이야기와 행복을 가진 어른으로 성장하긴 힘들다는 이야기가 아닐까. 자기 경험과 기억의 가치를 존중할 줄 아는 사람들만이 크게 성장할 수 있는 법이니까 말이다. 그리고 그 틀은 공간이 만들어준다고 나는 믿는다.

우리 주변의 수많은 공간은 각 개인에게 있어 고유한 기억들로 남을 것이다. 오랜 시간 쌓인 공간의 기억에는 그만큼 많은 감동이 숨어 있어야 할 것이다.

나는 묻고 싶다. 지금, 우리 아이들은 감동을 주는 공간에서, 혹은 감

"우리 학교 공간을 우리 손으로 직접 바꿔나가니 너무 재밌어요!"
한마음 한뜻으로 즐겁고 신나게 작업한 무안중학교 아이들.
ⓒ박광철

동이 스며든 공간에서 살고 있는가? 당신의 아이는 어느 공간에서 가
장 행복을 느끼는가?

공간을 아름답게 만들면 그 속에서 자라나는 아이들도 아름다운 사
람이 된다. 그리고 감동이 많은 아이일수록 행복한 어른으로 성장한다.
그 사실을 잊지 말자.

좋은 추억이 많은 아이

러시아가 낳은 대문호 도스토예프스키는 『카라마조프의 형제들』에서 다음과 같은 말을 남겼다.

"좋은 추억, 특히 어린 시절 가족 간의 아름다운 추억만큼 귀하고 강력하며 아이의 앞날에 유익한 것은 없다는 사실을 명심하라. 사람들은 교육에 대해 많은 것을 말한다. 그러나 어린 시절부터 간직한 아름답고 신성한 추억만 한 교육은 없을 것이다. 마음속에 아름다운 추억이 하나라도 남아 있는 사람은 악에 빠지지 않을 수 있다. 그리고 그런 추억들을 많이 가지고 인생을 살아간다면 그 사람은 삶이 끝나는 날까지 안전할 것이다."

어린 시절의 행복한 추억이 우리에게 최상의 교육일지도 모른다. 좋은 추억을 간직할 수 있는 공간, 학교도 바로 그런 곳이 되어야 하지 않을까.

건강한

육체에서

건강한

정신이 나온다

대 구 광 명 학 교

디자인 디렉터 | 이소진

맘껏
뛰어놀 수 있는
공간

"체육 시간에 마음껏 뛰어놀 수 있어서 정말 좋아요. 이런 환경을 만들어주신 모든 분들에게 감사드립니다. 정말 감사합니다."

2012년 10월 10일, 시각 장애 특수학교인 대구광명학교의 광명아트센터 개소식에서 한 초등학생의 감사 인사를 듣자마자, 나도 모르게 코끝이 시큰해지면서 눈시울이 뜨거워졌다. 바로 이런 보람과 행복이 내가 여기까지 올 수 있었던 힘이었다. 도와준 수많은 사람들의 얼굴이 주마등처럼 눈앞을 스쳐 지나갔다.

지난 몇 년간 '문화로 행복한 학교 만들기'를 꾸려가면서 고생도, 어려움도 참 많았다. 해마다 예산은 줄어들고, 프로젝트를 완성하기까지 돌봐야 하는 일은 점점 늘어나 회의가 들 때도 있었다. '내가 제대로 하고 있나.', '난 왜 이 고생을 사서 하고 있나.' 하는 생각이 들 때도 많았다. 한데 우리가 한 일들로 인해 학생들이 기뻐하고 만족스러워 할 때마다 힘들다는 생각과 어려움은 씻긴 듯이 사라졌다. 아이들의 행복이 그대로 나에게도 전해져, 함께 기쁘고 행복해진다는 것을 깨달았다.

대구광명학교와 '문화로 행복한 학교 만들기'의 인연은 과거에 한 심포지엄에서 "내 아이는 마음 놓고 뛰어놀 공간이 없습니다."라고 한 장애아 어머니의 간절한 한마디로부터 시작되었다. 당시 장애아 어머니

2012 '문화로 행복한 학교 만들기' - 대구광명학교.
신설된 체육실에서 축구를 하는 아이들의 모습.
디자인 디렉터 | 이소진
ⓒ한국공예 · 디자인문화진흥원, 박정훈

의 간절한 바람을 담아, 매년 특수학교 중 한 군데를 '문화로 행복한 학교 만들기' 대상으로 선정하여 특수학교 아이들에게도 혜택이 돌아갈 수 있게 했는데, 대구광명학교는 2012년에 그 대상으로 선정되었던 것이다.

대구광명학교는 시각 장애인을 위한 특수교육 기관으로 당시 90여 명의 학생들이 유치부와 초·중·고등학교 과정 및 전공 과정에 재학 중이었다. 학생들이 시각 장애인이라는 점을 고려하여 이들 모두가 사용이 편리하고 안전하게 즐길 수 있는 공간으로 만들어주는 것이 무엇보다 필요했다. 그래서 프로젝트 팀은 강당을 교육뿐만 아니라 문화를 누리고, 체력을 단련하며, 소통과 공감이 일어날 수 있는 '만남의 장'으로 만들기로 계획했다.

"장애인들에게도 생활 공간은 아주 중요하다고 생각합니다. 좋은 환경에서는 더 큰 꿈을 꿀 수 있다고 생각합니다. 자신을 내보이고, 자신의 정체성을 찾아 키워갈 수 있는 공간을 학교가 제공해줬으면 좋겠어요."

당시 이 학교 교장이었던 윤필희 선생님은 아이들의 가능성과 자존감을 높이는 데 문화 창작 공간이나 놀이 공간이 큰 도움이 될 거라며 기대를 표했다.

"우리 아이들이 그곳에서 더 많은 자유를 느낄 수 있겠죠?"

눈이 아닌
손으로 만든
세상

앞서 여러 번 강조했듯이 학교는 학생들이 가장 많은 시간을 보내는 공간인 만큼, 아이들이 꿈꾸는 공간에 대해 이들의 의견을 들어보는 것이 제일 중요하다. 학교를 직접 사용하는 학생들과 서로 소통하며 디자인해야만 기능적으로 효과적인 공간이 나올 수 있기 때문이다.

그런데 눈이 보이지 않는 아이들에게는 어떤 식으로 설명하고, 어떻게 커뮤니케이션을 해야 할지 프로젝트 팀은 고민이 많았다고 한다. 아이들은 종이에 그려진 디자인을 볼 수가 없지 않은가. 한참을 고심하던 프로젝트 팀은 학생들을 위해 우드락에 도면을 입체적으로 표현하여 아이들이 손으로 공간을 느끼며, 직접 그려보고, 만들어보는 워크숍을 하기로 결정했다. 디자인 디렉터는 '아틀리에 리옹 서울'의 이소진 소장이, 설계는 김용 씨가 맡아 조금은 특별한 디자인 회의를 진행했다.

아이들이 고사리같이 작은 손으로 모형을 만지며, 공간을 이해하는 장면을 지켜보면서 어른들은 하나같이 가슴이 뭉클해졌다고 한다. 도면을 잘 이해하지 못하는 친구를 위해 손을 마주 잡고 공간을 설명해주는 친구도 있었단다. 디자인 전문가들과 선생님들 역시 아이들의 손을 잡고 하나씩 짚어가면서 이해하기 어려운 공간을 쉽게 설명해주었단다. 아이들은 손을 통해 공간을 인식해가며 그곳에 있었으면 하는 가

구를 그려 넣기도 하고, 원하는 공간을 점자로 표현하기도 했다. 그 이
야기를 전해들은 나는 놀라지 않을 수가 없었다. 아이들의 공간 인지
능력이 너무나 뛰어났기 때문이다. 눈이 조금 불편할 뿐 '문화로 행복
한 학교 만들기'에 참가했던 다른 아이들과 다를 바가 하나도 없었다.
아이들은 적극적으로 자신의 의견을 내놓기까지 했다. 아니, 오히려 더
섬세하고 꼼꼼하며 의욕적이기까지 했다.

"여기는 좀 위험할 수 있겠는데요. 눈이 전혀 보이지 않는 친구들이

부딪히면 어떻게 하죠?"

프로젝트 팀이 아무리 시각 장애를 고려해 디자인을 한다 해도 직접 경험해보지 않았기에 놓치는 부분들이 있을 수밖에 없는데, 다행히 아이들이 감리 수준으로 빈틈없이 점검해줘서 안전 문제나 불편한 것으로 판단되는 것들은 미연에 방지할 수 있었다고 한다. 공사가 시작되기도 전에 학생들이 이렇게 구체적인 의견을 낸 것도 처음 있는 일이었다. 그만큼 아이들은 스스로 어떤 일을 완수하는 데에 있어서 강한 책임감과 창의성을 발휘하고 있었다.

몇 차례 회의를 통해 눈이 아닌 손으로 만든 생각들이 모여, 드디어 아이들의 꿈의 공간이 완성되었다. 아동이나 청소년을 위한 사회 공헌 사업을 펼치고 있는 게임 회사 넥슨 코리아의 후원 덕분에 부족한 예산을 보충할 수 있었고, 썰렁하고 볼품없던 강당이 복합 문화체육 공간인 광명아트센터로 탈바꿈할 수 있었다.

광명아트센터는 학생들이 무대에서 공연을 할 수 있는 강당과 체육 활동을 할 수 있는 공간, 그리고 학부모들이 참관하면서 쉴 수 있는 휴게실 겸 카페를 갖췄다. 그동안 체육 시설이 마땅치 않아 다른 학교 시설을 이용해야 했던 아이들은 학교 안에 맘껏 뛰어놀고 뒹굴 수 있는 공간이 생기자 너무나 좋아했단다. 한 어머니는 특별 활동이나 발표회를 할 때마다 협소한 환경 때문에 마음이 아팠는데, 아이들이 쾌적한 환경에서 밝은 모습으로 잘 지내는 것을 보니 행복하다며 감사를 표하기까지 했다. 즐거워하는 이들을 보니, 오히려 고마울 따름이다.

처음에는 시설 파손이나 안전상의 문제로 상시 개방에 대해 우려의 뜻을 표했던 학교 선생님들 역시 학교를 지역 주민에게 개방함으로써 나타나게 된 긍정적인 변화를 보면서, 아이들이 열린 공간에서 올바른 인성과 사회성을 자연스럽게 키워가기를 기대하게 되었다.

믿는 만큼 자라나는 아이들

처음 이 프로젝트를 시작했을 때 많은 사람들이 '눈이 불편한 아이들이 과연 잘해낼 수 있을까?' 하는 걱정을 했다. 하지만 아이들은 불편한 눈 대신에 손을 통해 더 멋진 결과를 이끌어냈다. 그들이 내놓은 참신한 아이디어와 노력하는 모습에 오히려 어른들이 많은 것을 배울 수 있었다.

아이는 믿는 만큼 자란다. 광명학교 아이들은 내게 그 중요한 깨달음을 주었다. 아이들이 스스로 커가는 힘, 살아가는 힘을 쌓을 수 있도록 믿고 지켜봐줘야 한다고 말이다. 이렇게 스스로 무언가를 해낸 아이들은 성취감과 만족감을 느끼면서 더 활동적이고, 더 적극적인 성격으로 변화할 수 있을 것이다.

아이들은 시각 장애가 있는 대신 청각이 발달해, 음악을 굉장히 좋아했다. 그러나 지금까지는 좋아하는 음악을 연습하거나 공연할 수 있는 장소가 마땅치 않았다. 공연할 수 있는 무대가 생긴 지금은 아이들이 신나게 노래하거나 춤을 추며 자신들의 재능을 표출한다.

또한 난타 수업을 통해 리듬을 익히고 손과 팔의 감각도 키우며 감수성과 창의력을 키우기도 한다. 몸을 부대끼며 놀이를 하거나 운동을 하면서 규칙과 질서를 배우고 그렇게 아이들은 친구들과 소통하는 법을 배운다.

"학생들이 부지런히 공간을 사용하는 만큼 더 행복해질 것입니다."

윤필희 교장 선생님은 학생들의 생활 공간을 디자인하는 일이 교육적으로 정말 중요하다고 말한다. 생활 공간이 학생들의 자존감을 세울 수 있다고 생각하기 때문이다. 이런 교육 철학을 바탕으로 대구광명학교는 이미 2011년부터 '학교 숲'을 조성해 친환경적인 녹색 쉼터와 자연 생태 체험장을 아이들에게 제공하고 있었다. 소나무, 이팝나무, 산철쭉 등의 나무와 로즈마리, 라벤더, 페퍼민트 등 허브 식물 5,400여 본을 가꿔 학생들이 감각을 통해 자연을 배울 수 있게 돕고 있는 것이다. 아이들이 쉬는 시간마다 잠깐이라도 숲을 찾아 거닐 만큼 '학교 숲'은 인기가 많다고 한다.

이처럼 광명학교의 문화 공간은 아이들의 자존감을, 체육 공간은 아이들의 사회성을 키워줄 것이다. 아울러 생태 공간은 아이들의 감성을 더욱 풍요롭게 만들어줄 것이다. 공간의 변화는 학교의 외형만 변화시키는 게 아니라 나아가 아이들의 내면의 변화로 이어질 수 있는 초석이 되리라 믿어 의심치 않는다.

거대한 호수에 떨어진 작은 돌멩이 하나가 호수 전체에 아름다운 파문을 만들듯이, 공간의 작은 변화가 큰 결과를 가져올 수 있다는 사실을 나는 '문화로 행복한 학교 만들기'를 통해 배울 수 있었다. 그 기적을 지켜보는 것만으로도 큰 행복이었다.

🏠 ✚ 착한 생각에서 착한 공간이 만들어진다

- 넥슨 코리아에서는 창의 문화 교육 사업의 일환으로 학교 내 유휴 공간을 문화 창작 공간으로 꾸며주는 '상상씨앗 행복꿈터'를 진행하고 있다. http://nexonhands.tistory.com

- 포스코에서는 학교 폭력을 예방할 수 있는 공간 만들기에 초점을 맞춰 학교 내 후미진 공간을 밝고 따뜻한 소통의 공간으로 바꾸는 '친친 와이파이존' 프로그램을 운영하고 있다.   http://blog.posco.com

- LG하우시스에서는 '행복한 디자인 나눔'을 통해 어린이들에게 미래의 꿈과 희망을 키워갈 수 있는 공간을 지원하는 것은 물론, 다양한 디자인 노하우를 나누는 데 앞장서고 있다. http://www.z-in.co.kr

"가장 좋은 도시는 거리를 걷는 아이가 자신의 삶이
어떻게 펼쳐지리라고 예상할 수 있는 도시이다." – 루이스 칸

4부

아이의 성장을 돕는
자양분

사소하지만
치 명 적 인,

깨진 유리창의 법칙

작은 차이가
큰 차이를
만든다

'문화로 행복한 학교 만들기'를 통해 학교의 삭막한 공간이 문화적인 공간으로 바뀌고 나서 일어난 가장 큰 변화는 아마도 학교 폭력이 줄었다는 사실일 것이다.

학교 내에서 폭력이 일어나는 가장 대표적인 곳으로, 사람들 눈이 잘 닿지 않는 화장실이나 옥상을 들 수 있다. 그런데 제대로 관리되지 않고 방치되어 있던 그런 곳들을 '열린 문화 공간'으로 새롭게 단장하고 나니 아이들이 달라지기 시작했다.

불결한 이미지였던 화장실에서는 향긋한 향과 함께 감미로운 음악이 흘러나오고, 폐쇄적이던 옥상은 산책을 하고 캠핑을 하는 곳으로 바뀌고 나니 아이들의 거친 말투와 행동 또한 눈에 띄게 줄어들었다. 이를 뒷받침하는 근거로 스탠포드대학교 심리학과 교수인 짐바르도의 인간 행동에 관한 흥미로운 실험을 소개하고자 한다.

치안이 비교적 허술한 슬럼가 골목에 보존 상태가 동일한 차량 두 대를 세워놓았다. 단, 자동차 한 대는 보닛만 열어두었고, 다른 한 대는 보닛을 열어두는 것은 물론 유리창까지 일부 훼손한 상태로 방치했다. 일주일 후 두 자동차의 상태를 살펴보니, 확연한 차이가 드러났다. 보닛만 열어놓은 자동차에는 그 어떤 변화도 없었지만, 유리창을 일부 훼손한 자동차는 배터리와 타이어 등 주요 부품을 도난당한 것은 물론, 낙서와 쓰레기로 폐차 직전이 되어 있었다. 사실 두 자동차의 차이는 유리창이 조금 깨진 것밖에 없었음에도 그 사소한 차이가 치명적인 결과를 만들어낸 것이다. 이것이 작은 허점이 큰 범죄로 연결된다는 범죄학 이론인 '깨진 유리창 법칙Broken Window Theory'이다.

1994년 뉴욕 시장으로 취임한 줄리아니 시장 역시 이 법칙을 적용해서 경범죄에 대한 단속을 강화하여 세계적인 범죄 도시로 악명이 자자했던 뉴욕의 치안을 확립했다. 당시 '뉴욕에 가면 지하철은 절대 타지 말라.'라는 말이 있을 정도로 뉴욕의 지하철은 여행객들에게 기피 대상이었다. 통로는 쓰레기로 뒤범벅되어 있었으며, 벽은 낙서로 얼룩져 있었다. 줄리아니 시장은 기초 질서 위반자에 대한 단속을 집중적으로 실시하고, 이를 위반한 이에게는 과중한 벌금을 부과했으며, 지하철의 모든 낙서를 지우게 했다. 낙서가 얼마나 많았던지 그 프로젝트를 시작한 지 5년이 지나서야 모두 지울 수 있었단다. 이와 같은 대처로 인해 지하철 범죄율은 75퍼센트 정도 감소했고, 살인 사건은 50퍼센트까지 감소하는 등 강력 범죄 발생률도 크게 줄었다고 한다. 즉 사소한 잘못이나 질서 위반을 미연에 방지함으로써 더 큰 범죄를 막을 수 있었던 것이다.

궁극의 답, 공간이 마음을 살린다!

사소한 것들을 관리함으로써 큰 사건을 예방할 수 있다는 이 '깨진 유리창 법칙'은 학교 안에서도 유효하다. 문제가 발생할 수 있는 공간을 미리 관리함으로써 학교 폭력과 같은 큰 사고를 예방할 수 있는 것이다.

그동안 '문화로 행복한 학교 만들기' 프로젝트의 대상 학교를 선정하기 위해 현장 심사를 하면서 본 대부분의 학교들은 툭 터놓고 말해 학교 폭력이 일어날 수밖에 없는 환경들이었다. 페인트칠이 다 벗겨질 정도로 방치된 건물, 흰색이나 회색 등 무채색 일색의 교실, 차디찬 시멘트 바닥, 악취가 나는 화장실, 어두침침한 복도, 폐쇄적인 옥상, 을씨년스러운 운동장……

이러한 삭막하고 거친 환경들이 아이들에게 부정적인 영향을 미치는 건 어찌 보면 당연하다. 부서진 문을 보면 차고 싶고, 더러운 바닥을 보면 침을 뱉고 싶고, 어두운 공간에서는 담배를 피우고 싶은 것이다. 숨막히고 답답한 공간 속에서 아이들은 자신도 모르게 감성이 메마르고 비뚤어지게 된다.

나는 문제 학생을 처벌하고 단속하는 일보다 학교를 밝고 따뜻한 공간으로 만드는 일이 더 시급하다고 판단했다. 그래서 삭막하고 어둠침침했던 공간을 친구들과 재미있게 놀면서 스트레스를 풀 수 있는 공간으로 변화시키고, 밝고 화사한 분위기를 연출함으로써 궁극적으로 폭력이 없는 건강한 학교를 조성하고자 노력했다.

"예전에 화장실이 지저분했을 때는 애들도 함부로 막 사용했는데, 깨끗하고 화사하게 바뀌고 나니 깨끗함을 유지해야겠다는 생각 때문인지 아이들이 자발적으로 쓰레기도 줍고 청결하게 사용을 해요. 학교가 되살아나는 계기가 됐어요."

선생님들은 학교 공간을 개선한 후에 나타난 학생들의 변화가 놀랍다고 한다. 학생들이 학교 시설물을 아끼고 소중히 다루며, 행동도 예

밝은 컬러로 화사하게 꾸민 채드윅인터내셔널의 교실 풍경.
교실 내 화장실이 있어 아이들이 편리하게 이용할 수 있다.
© 권혁재

의 바르게 바뀌었다고 말이다. 공간 설계에 참여하고 토론하는 과정에서 다양한 의견을 존중하고 배려하는 자세를 온몸으로 경험하면서 소통하고 교류하는 것 역시 자연스러워졌다고 한다. 그전에는 선생님들이 일일이 훈계하고 잔소리하는 일이 다반사였지만 이제는 누가 시키지 않아도 주인 의식을 가지고 책임감 있게 행동하며, 질서 의식 또한 가지게 되었다는 것이다.

이처럼 어둡고 삭막한 학교에 감성을 입힌 디자인을 더함으로써 아

공간이
아이를
바꾼다

이들의 정서가 안정되었을 뿐더러 인성 교육에도 많은 도움이 되었다는 것을 알 수 있었다.

안타깝게도 하루 대부분의 시간을 차가운 콘크리트 건물에 갇혀 지내야만 했던 아이들은 내면에 쌓인 욕구와 스트레스를 발산할 수 있는 기회와 시간이 많이 부족했다. 때문에 '학교 폭력'이나 '왕따'와 같은 공격적 행태나 문제 행동들로 스트레스를 표출할 수밖에 없었다. 마음 편히 쉴 수 있는 공간이 마련되고, 그 속에서 편안함과 즐거움을 느끼면 아이들은 분명 달라질 것이다.

아이들이 공간의 수준에 따라 행동한다는 것은 이미 수많은 학교의 사례를 통해 입증되었다. 아름답고 쾌적한 환경이야말로 아이들을 긍정적으로 변화시킬 수 있는 가장 쉽고도 확실한 방법일지 모른다. 그리고 여기 양지중학교의 한 학생이 남긴 말이야말로 학교 관계자나 학부모, 그리고 우리 사회 모두가 새겨들어야 할 조언이라고 나는 생각한다.

"어둡고 답답한 공간에서는 행동까지 삐뚤어지고 흐트러지기 쉬웠는데, 학교가 예뻐지고 쉴 수 있는 공간이 생기니까 제 마음도 편안하고 상쾌해졌어요. 후배들을 위해 좀 더 깨끗하게 써야겠어요."

🏠 ✚ 주거 공간과 범죄의 상관관계

몇 년 전 일본에서 청소년 범죄자나 비행 청소년들의 집을 조사했는데, 흥미롭게도 이들 중 대다수가 현관 바로 옆에 방이 있거나 집 구조가 현관 옆 계단을 타고 2층으로 바로 올라가는 구조로 이루어져 있었다고 한다. 즉 귀가하자마자 자신의 방으로 들어갈 수 있는, 가족 간의 대화나 소통이 거의 없이 폐쇄적인 생활을 지속할 수 있게 만든 구조였던 것이다. 부모의 사랑과 관심이 반드시 필요한 시기에 가족 간의 대화나 소통이 청소년 문제에 있어 얼마나 중요한지 직접적으로 보여준 사례라고 할 수 있다. 이처럼 가족의 삶을 담아내는 근본인 집은 무엇보다 소통할 수 있는 구조로 지어져야 하고, 가족 구성원은 그 속에서 행복감을 느낄 수 있어야 한다. 거실은 TV가 지배하는 공간이 아닌, 가족끼리 단란하게 시간을 보낼 수 있는 공간이 돼야 하고, 부엌은 단순히 밥을 짓는 공간이 아니라 함께 밥을 먹으며 일상을 공유하는 곳으로 인식이 바뀌어야 한다. 그런 따뜻한 공간에서 사랑을 먹고 자란 아이만이 몸 구석구석 '행복 호르몬'이라 불리는 세로토닌이 지속적으로 분비돼 긍정적이고 밝은 아이로 자란다는 사실을 명심해야 한다.

최 고 의
공부 환경이란

**맹모삼천지교의
진실**

맹자의 어머니가 아들에게 좋은 교육 환경을 만들어주려고 세 번이나
이사를 했다는 '맹모삼천지교孟母三遷之敎'를 모르는 사람은 아마 없을 것
이다.

맹자와 그 어머니가 처음 살았던 곳은 공동묘지 근처였는데, 어린 아
들이 날마다 장사 지내는 모습을 흉내 내며 곡소리를 내자 맹자의 어
머니는 이래서는 안 되겠구나 싶어 시장 옆으로 이사했다. 그랬더니 이
번에는 아들이 물건 파는 장사치들을 흉내 내며 노는 것이었다. 맹자

의 어머니는 이곳도 아이와 함께 살 곳이 아니구나 하여 이번에는 글방 근처로 이사했다. 아들이 책을 읽거나 예법에 관한 놀이를 하는 것을 본 맹자의 어머니는 그제야 이사 다니는 걸 멈추고 그곳에 정착해 살았다.

자녀 교육에 있어서 환경이 미치는 영향이 얼마나 큰 것인가를 말해주는 이 이야기는 오랫동안 한국 부모들에겐 금과옥조처럼 여겨져왔다. 오죽하면 학교나 학원에 따라 집값이 형성되는 일이 벌어졌을까. 아이에게 제대로 된 교육 환경을 제공하는 것은 부모로서 당연히 해야 할 일이지만, 아파트 값 폭등이나 부동산 투기 열풍을 몰고 올 정도로 도를 넘는 교육열은 오히려 아이를 벼랑으로 내몰 수도 있다. 무조건 성적만 잘 나오면 된다는 식의 사고방식으로 명문대 합격률이 높은 학교를 선택하기보다는 내 아이가 그곳에서 정서적으로 얼마나 안정적인지, 학습 효과는 물론 성격이나 인격 형성, 그리고 생활 태도에 이르기까지 어떤 영향을 받을 수 있을지를 세심하게 들여다볼 필요가 있다. 맹자 어머니만큼은 아니어도 자녀의 교육 환경을 점검해주는 작은 관심만으로도 학습 능률뿐만 아니라 아이의 정서에도 큰 변화가 생긴다. 교육 환경을 어떻게 조성하는지에 따라 집중력이 달라진다는 연구 결과도 있다.

사회심리학자들의 실험에 따르면 정리된 책상에서 공부를 하는 아이와 그렇지 않은 아이의 경우, 학습 효과에서 상당한 차이를 보였다고 한다. 뿐만 아니라 미국 텍사스대학교의 새뮤얼 고슬링 교수의 연구에 따르면 환경이 마음 상태나 성과와도 상관관계가 있다고 한다. 고슬링 교수는 학생들의 기숙사 방과 기업의 사무실 업무 공간을 조사했더니 지저분한 업무(생활) 공간을 가진 사람들이 깨끗한 공간을 가진 사람들보다 효율적이지 못하고 체계적이지도 못하며 창의력도 떨어진다는 사실을 밝혀냈다. 즉 지저분한 환경은 정서적으로도 안정이 안 돼 일의 효율도 떨어지고 집중력이나 주의력도 오래가지 못한다는 것이다.

좋은 사회적 환경과 좋은 학습 환경은 맞닿아 있다

학교 환경 역시 마찬가지이다. 환경이 좋으면 심리적으로도 편안함과 즐거움을 느낄 수 있기 때문에 공부도 더 효율적으로 할 수 있다는 것이 교사와 학교 관계자들의 공통된 의견이다. 좋은 환경은 학생들에게 안정감을 주고 학습 능률을 높여 수업 시간에 집중하도록 만든다는 것이다. 교사들은 학교 공간이 바뀌고 난 뒤부터 아이들이 훨씬 생기 있어지고, 수업 시간에 눈빛부터 다르다고 말한다. 그런 모습을 보

고 교사들도 더욱 열성적으로 학업 지도에 임할 수 있어 일의 보람이나 만족도가 높아진다고 입을 모아 말한다. 디자인으로 되살아난 학교 공간이 교육의 효율성까지 높이게 된 것이다. 제대로 활용되지 못하던 학교 내의 버려진 공간들을 학생들을 위한 공간으로 만들어줌으로써 결과적으로 독서 습관이나 공부 습관에도 좋은 영향을 끼치게 된 셈이다.

실제로 대청중학교는 학교 도서관을 바꾸고 나서 아이들의 책 대출 횟수가 두 배 이상 증가했고 신선초등학교 역시 도서관이 개선되자 아이들의 독서량이 평균 30퍼센트 정도 증가했단다. 기초 학력 미달 학생의 비율도 0퍼센트를 달성했다고 한다. 책과 친해질 수 있는 환경이 조성되자 아이들도 책을 많이 읽게 되고, 공부하는 습관 역시 자연스럽게 길러진 것이다.

변화는 그뿐만이 아니다. '문화로 행복한 학교 만들기'가 단순히 공부의 효율을 높이는 데만 목적을 둔 게 아니라 아이들의 종합적인 성장에 초점을 맞춘 만큼 개선된 공간은 학습을 위한 용도뿐 아니라 토론교육, 동아리 활동, 상담과 휴식, 소통과 교류의 장과 같이 종합적인 기능을 담당하게 되어 학교 생활과 교육 환경의 질을 한 차원 높이는 계기가 되었다. 공간을 제공하는 것에 그치지 않고 그곳에서 다양한 프로그램을 누릴 수 있게 환경을 만들어주니 학교가 집보다 더 좋다며, 방학에도 학교에 나오는 아이들이 많다고 한다. 학교가 싫어 수업이 끝나면 가방 챙기기부터 바빴던 아이들이 이제는 학교에 오랫동안 머물고 싶어 한다니……. 이 얼마나 다행스러운 일인가.

사람은 어떤 환경에서 자라느냐에 따라 긍정적으로 바뀔 수도 있고, 부정적으로 바뀔 수도 있다. 즉 주변 환경이 그 사람에게 좋은 영향을 미칠 수도, 나쁜 영향을 미칠 수도 있다는 말이다. 특히 청소년기는 그 어느 때보다도 감수성이 예민한 시기라 스펀지가 물을 빨아들이듯 주위의 모든 자극들을 흡수하며 배워나가는 시기이다.

많은 부모들이 높은 명문대 진학률로 치장된 교육 환경만이 좋은 교육 환경이라고 믿으면서 시골에서 도시로, 강북에서 강남으로 자식 교육을 위해 이사를 떠난다. 하지만 아이들에게 정말 필요한 교육 환경이란 자기 주도적으로 학습할 수 있는 자율성을 길러주는 공간이다. 지식의 습득이 아닌, 마음의 계발을 도와주는 배움터 말이다.

맹자의 어머니가 좋은 교육 환경을 찾아 세 번이나 이사를 했던 까닭은 자식이 '좋은 사람'이 되길 원해서였다. 다시 말해, '맹모삼천지교'의 가르침은 성적 향상과 명문대 진학을 목표로 한 부모의 욕심과는 거리가 멀다. 공부에 대한 의미를 스스로 깨치고 내면에서 최선의 것을 이끌어내는 태도를 가르치기 위해서 맹자의 어머니는 그렇게 이사를 했다고 한다. 이것이 진정한 교육의 가치와 목적이 아닐까. 스스로 생각하고 배우며, 가슴으로 익히는 것 말이다.

아이가 스스로 꽃을 피우기 위해서는 좋은 환경이 반드시 필요하다.

그리고 좋은 환경이란 배움 그 자체가 즐거운 환경이라는 것을 우리 부모들이 잊지 않았으면 좋겠다.

🏠 ➕ 방을 어떻게 꾸미느냐에 따라 집중력이 달라진다?

침대와 책상은 분리하라

아이 방은 기능별로 공간을 구분해야 한다. 특히 산만한 아이들은 주의를 분산시키지 않도록 학습에 방해가 되는 장난감이나 장식품을 두지 않는 게 좋다. 책상과 침대 역시 붙이지 말고 침대가 보이지 않도록 책상을 배치하는 게 효과적이다. 그리고 책상 위에 유리를 깔았다면 당장 치우는 게 좋다. 유리가 신체가 닿으면 닿은 부분의 온도는 내려가고, 상대적으로 다른 부분의 온도가 높게 느껴져 졸음을 유발하기 때문이다.

책상은 창가를 피해 배치하라

아이 방은 햇빛이 잘 드는 환한 공간이 좋지만 책상이 있는 곳만큼은 예외이다. 햇빛이 강하면 집중력이 흐트러질 뿐만 아니라 눈부심 때문에 시력 저하를 일으킬 수도 있다. 채광이 약한 북쪽이나 빛이 가장 적게 들어오는 곳으로 책상을 배치하고 스탠드를 이용한 간접 조명으로 밝기에 차이를 두는 게 오히려 집중력을 높일 수 있다. 게다가 창가 풍경이나 밖에서 들려오는 소리에 자꾸 반응을 하게 되므로 가급적 창가 자리는 휴식 공간으로 남겨두자.

차분하고 안정감을 주는 색을 써라

벽지나 페인트는 초록색 계열과 하늘색 계열이 집중력을 높이는 데 좋다. 단, 원색보다는 정서적으로 안정감을 느낄 수 있는 부드러운 파스텔 톤이 더 좋다. 많은 비용을 들여 공간 전체를 꾸미기보다 책상이 있는 한쪽 벽면이나 천장에 색깔이나 패턴으로 포인트를 주는 것이 방 분위기를 바꾸는 데 더 효과적이다.

공간이
아이를
바꾼다

세상에서

가장

시 끄 러 운 도서관이

주목받는 이유

천재 물리학자 아인슈타인, 마이크로소프트의 CEO 빌 게이츠, 투자의 귀재 워렌 버핏, 세계적인 영화감독 스티븐 스필버그, 발명왕 에디슨, 정신분석학의 창시자 프로이트. 이들의 공통점은 뭘까? 바로 유대인이라는 것이다. 이뿐만이 아니다. 스마트 시대를 앞당긴 페이스북의 CEO 마크 주커버그, 구글의 공동 창업자 세르게이 브린과 래리 페이지, 애플의 스티브 잡스 역시 유대인이다.

이처럼 유대인은 전 세계의 경제를 비롯해 학계, 산업, 예술계 등에

유대인 도서관 '예시바'의 모습.
© Pikiwikisrael

서 부와 명예를 두루 갖추고 있다고 해도 과언이 아니다. 전 세계 인구의 0.2퍼센트에 불과하지만 역대 노벨상 수상자 중 22퍼센트, 미국 아이비리그 학생 중 30퍼센트, 세계 500대 기업 경영진의 42퍼센트가 유대인인 것으로 알려져 있다. 과연 유대인은 어떻게 해서 세계의 중심이 될 수 있었을까? 탁월한 인재를 만들어내는 유대인만의 교육 비결은 무엇일까?

유대인들의 전통적인 도서관인 '예시바Yeshivah'는 세상에서 가장 시끄러운 도서관으로 유명하다. 예시바의 책상은 둘 이상이 서로 마주 보도록 놓여 있어, 혼자 공부할 수 없는 구조로 이루어져 있는 게 특징이다. 우리나라 사람들이 도서관에서 혼자 조용히 공부하는 것과는 달리, 유대인들은 책상 위에 책을 쌓아놓고 여러 사람들과 토론하고 논쟁하며 배움을 확장시켜나간다. 그로 인해 예시바는 언제나 활기차고 소란스러운 분위기이다.

일명 '하브루타'라고 불리는 이 교육법은 유대인들이 수천 년 전부터 전통적으로 고수해온 교육법으로, 질문과 대답이라는 상호 작용 속에서 지식과 지혜를 나누는 데 중점을 둔다. 유대 속담에는 '100명이 있다면 100가지 의견이 있다.'는 말이 있는데, 그만큼 이들은 어렸을 때부터 토론 중심의 교육으로 끊임없이 질문하고 대화하며, '남과 다르게 생각하고, 새로운 것을 시도하는 것'에 익숙하다. 유대인들은 자식 교육에 있어 '남보다 앞서기'보다 '남과 다르게 되기'를 바라기 때문이다. 이와 관련하여 아인슈타인 어머니의 이야기는 너무나 유명하다.

어릴 때부터 유난히 호기심이 강했던 아인슈타인은 지구에서 별까지의 거리는 얼마인지, 시간이란 무엇인지, 나침반은 왜 항상 남쪽만 가리키는지 등 늘 엉뚱한 질문을 일삼는 아이였다고 한다. 수학과 과학 수업은 좋아했지만, 그 외의 수업에는 전혀 흥미를 느끼지 못했으며, 학교에서 받아온 성적표에는 이런 문구가 적혀 있기까지 했단다.

'이 학생은 장차 어떤 일을 해도 성공할 수 없을 것으로 판단됨.'

그때 그의 어머니는 아인슈타인을 탓하고 혼내기보다 "너는 반드시 훌륭한 사람이 될 거야. 남들처럼 되고자 노력하면 결코 그 사람보다 나아질 수 없는 법인데, 너는 남들과 확실히 다르기 때문에 크게 성공할 거야."라고 격려해줬다고 한다.

이처럼 유대 교육의 핵심은 아이의 개성을 존중하며, 남과 '다른' 생각을 키워줄 수 있는 환경을 조성하는 데 있다. 유대인 부모들은 학교에서 돌아온 아이에게 이렇게 묻는다고 한다. "오늘은 선생님에게 무슨 질문을 했니?"

유대인을 탁월하게 만든 것은 바로 이 질문과 토론 중심의 교육에 있다고 볼 수 있다. 가정에서부터 학교, 그리고 예시바에 이르기까지 아이들은 단순히 듣기만 하는 것이 아니라 다양한 관계 속에서 생각을 나누고 소통한다. 어릴 때부터 이렇게 질문과 토론을 통해 생각하는 습관이 자리 잡을 수 있는 교육 환경에서 자라기 때문에 지적인 호기심과 창의성이 길러지지 않을 수가 없다.

그에 반해 한국 부모는 집으로 돌아온 아이에게 제일 먼저 이 질문부터 던진다고 한다.

"오늘도 선생님 말씀 잘 들었니?"

우리나라 교육 환경에서는 그동안 효율과 경쟁을 원리로 시험만을 대비하게 만들고, 듣고 암기하고 기억하는 학습 방식이 지배적이었다. 학생들은 학교나 학원에서 선생님 말씀을 잘 듣고, 혼자서 조용히 공부하며 암기한 지식을 축적하는 것이 공부의 전부였다. 거기에는 어떠한 만남도 없고 어떠한 대화도 없다. 그런데 이런 공부만 한 아이가 과연 삶의 주인공으로서 제 역할을 할 수 있을까? 사회에 나와서도 스스로 문제를 해결하고, 창조성을 발휘할 수 있을까?

아인슈타인은 노년에 써 내려간 자서전에서 교육에 대해 이렇게 말한 바 있다.

"교육이란, 학교에서 강제로 배운 것을 모두 잊어버린 후에 자기 속에 남는 것을 말한다." 즉 일생을 통해 스스로 자기가 어떤 사람인지를 알아가고 자기 자신을 성장시키는 것이야말로 진짜 공부라는 것이다. 그런 공부를 할 수 있기 위해서는 아이들이 개성과 창의성을 발휘할 수 있게 교육이 도와주어야 한다.

미래 사회가 바라는 인재상도 이와 같이 공장에서 찍어낸 듯한 정형화된 사람이 아닌, 미래의 불확실성에 대처할 수 있는 적응력과 창조성을 지닌 사람이다. 이러한 개성과 창의력을 우리 아이들에게 키워주기 위해서는 어떠한 노력이 필요할까? 진정한 배움과 성장을 위한 가장 좋은 환경이란 무엇일까?

창의력 있는
아이로 키우고
싶다면

창의력을 발휘하는 가장 좋은 방법은 바로 '소통'이다. 그리고 '소통'을 가능케 하는 것은 바로 '공간'이다. 혼자 공부하는 것이 아니라 토론과 논쟁을 통해 소통하는 유대인들의 도서관인 '예시바'의 경우를 봐도 그러하다.

그뿐만 아니라 세계 최고의 명문대로 손꼽히는 영국 케임브리지대학교에도 마찬가지로 학생들이 서로 많은 대화를 나눌 수 있도록 곳곳에 티룸(차를 마시는 공간)이 있다고 한다. 다수의 노벨상 수상자가 이곳에서 배출된 것은 결코 우연의 일치가 아닐 것이다.

세계 최고의 검색 사이트를 운영하는 기업인 구글은 직원 개개인이 창의력을 최대한 발휘할 수 있도록 근로 환경을 조성한 것으로 유명한데, 회사 내 복도 벽 곳곳에는 화이트보드가 걸려 있다고 한다. 이동 중에 누군가를 만나 대화를 할 때도 낙서나 메모를 쉽게 할 수 있게 설치한 것이다. 즉 공간, 레이아웃, 소품, 동선을 통해 직원들 간의 소통을 원활히 하여 팀워크와 협업에 효율적으로 적용하는 것이다. 현재 구글은 미국 실리콘밸리에 신사옥을 짓고 있는데, 이번 사옥 또한 직원 간의 편안한 소통을 중점으로 설계되고 디자인된다고 한다.

이렇게 다양성을 인정하고, 융합과 통섭을 강조하는 시대 흐름에 맞

228   공간이
아이를
바꾼다

추어 우리 사회에서도 학생들에게 상상력을 발휘해라, 창의력을 기르라고 요구하지만, 정작 학교에서도 가정에서도 창의력을 키우는 방법을 가르쳐주진 않는다. 공부와 스트레스로 딱딱해진 아이들의 몸과 마음을 풀어줄 공간 하나 없이 하루의 거의 대부분을 책상 앞에만 가둬두고만 있다. 이제는 획일적인 직사각형의 교실에서 벗어나 창의적인 공간, 소통의 공간으로의 학습 환경에 대한 재정의가 무엇보다 절실하다.

'문화로 행복한 학교 만들기'를 하면서 실제로 아이들이 가장 많이 요구했던 것 중 하나가 친구와 편안하게 이야기 나눌 수 있는 공간이었다. 그만큼 아이들은 숨 쉴 공간이 필요했던 것이다. 한 학생은 "학교에서 친구들과 편하게 대화를 나눌 수 있는 공간이 있다면 학교 다니는 게 훨씬 즐거울 것 같아요."라는 말까지 남길 정도였다.

그래서 '문화로 행복한 학교 만들기'에서는 화장실, 도서관, 공감터, 갤러리, 다실, 게임방, 옥상 정원 등을 소통의 공간으로 제공함으로써 친구들과의 자유로운 대화, 놀이, 독서, 토론, 신체 활동 등이 생활 속에서 자연스럽게 이루어질 수 있도록 노력했다. 공간을 통해 일상의 작은 경험들을 다양하게 바꾸는 것, 그것이 바로 교육 혁명의 시작이라고 생각했기 때문이다. 그리고 학교 안의 버려진 공간을 마음을 터놓는 공간으로 바꾸고 난 뒤 나타난 아이들의 변화를 지켜보며 그 생각이 옳았음을 거듭 확인할 수 있었다.

학교의 주인이자 사용자인 학생들을 위한 소통 공간은 학업에서 오

2012 '문화로 행복한 학교 만들기' – 대구 경북여자고등학교.
문화 쉼터로 바뀐 현관 로비는 담소를 나눌 수 있는 공간으로 사랑받고 있다.
디자인 디렉터 | 임지택
© 한국공예 · 디자인문화진흥원, 박정훈

는 스트레스 해소나 정서적인 친밀감, 소속감을 키워주기 위해서도 필요하지만 아이들의 자기 표현 능력과 창의성 개발을 위해서도 최선의 선택이었다.

만나서 대화하고 서로 배우며 성장하는, '관계'를 통한 교육. 그렇게 문제를 공유하고 협력하고 연대하면서 배움을 확장시킬 때 창의성도 꽃필 수 있다. 이제 우리 아이들에게 암기보다는 토론, 하나의 정답보다는 다양한 해답, '베스트'보다 '유니크'를 돌려줄 때이다.

공간이
아이를
바꾼다

그리고 집에서도 자녀들과 소통할 때 이것 하나만큼은 기억하자. "오늘 선생님 말씀 잘 들었니?", "오늘 뭐 배웠니?"라는 '확인 사살'식 질문보다는 "오늘 가장 즐거운 일이 뭐였니?", "오늘은 친구랑 같이 뭘 했니?"와 같은 질문을 하는 게 소통에 있어 효과가 더 좋다는 사실을 말이다.

🏠 ✛ '하크니스 테이블'의 비밀

미국 동부의 뉴햄프셔 주 엑시터 시에 위치한 '필립스 엑시터 아카데미'는 미국 최고의 명문 사립학교로 꼽힌다. 이 학교에는 강의 중심의 수업이 없고 모든 수업이 토론식으로 이루어지는데, 일명 '하크니스 테이블Harkness Table'로 불리는 큰 원형 탁자에서 교사와 열두 명의 학생이 둘러앉아 상대의 얼굴을 보며 수업을 하는 방식이다. 수학이나 음악처럼 토론식 수업과 무관해 보이는 과목까지 이 방식으로 수업을 진행한다. 자유롭게 자신의 생각을 표현하면서 다른 사람의 의견을 공유하는 이 같은 창의적인 방식은 80년 넘게 이어지고 있는데, 이것이 하버드도 인정한 세계 최고 명문학교의 비결이라고 한다. '페이스북Facebook'의 창립자이자 대표인 마크 주커버그가 이 학교 출신으로 페이스북은 바로 이 학교의 출석부에서 비롯된 이름이라고 한다.

사 는 일 이

곧
공부다

그 행복한
기억이 떠오를
때마다

지금까지 공간이나 환경의 중요성에 대해 얘기했지만, 그중에서도 특히 강조하고 싶은 것은 눈에 보이는 것보다 눈에 보이지 않는 것이 더 중요하다는 사실이다.

아이의 인격이나 지능, 개성을 형성하는 데 있어 책 속의 지식이나 부모나 선생님의 가르침도 물론 중요하지만, 그에 못지 않게 중요한 것은 아이가 살면서 맞닥뜨리는 상황과 환경 그 자체이다. 엄마의 품처럼 따스한 집, 매일 오가는 길, 눈부신 햇빛, 시원한 바람, 꽃과 나무가 자라는 소리, 친구와의 수다, 이웃과의 인사 등 자질구레한 이 모든 일상이 훗날 아이의 소중한 추억이 될 뿐 아니라 성장 영양제이자 인생의 밑거름으로 작용한다.

특히 어린 시절, 흙장난이나 물장난을 하면서 자연 속에서 뛰놀았던 기억이야말로 일생을 지배하는 가장 소중한 배움이 될 수 있다. 자연이 주는 사랑을 온몸으로 느끼며, 마음의 자원을 얻을 수 있기 때문이다. 포용력 있는 자연 속에서 자란 아이는 마음이 너그럽고 정서적인 면에서도 매우 안정되어 있다.

자연의 혜택은 이뿐만이 아니다. 미국의 환경심리학자인 테일러의 연구에 따르면, '녹지가 많은 환경에서 사는 아이들일수록 집중력이 높고 충동을 억제하는 능력이 뛰어나다.'고 한다. 반드시 자연으로 둘러싸인 시골에 살지 않더라도 창문 밖으로 시멘트 건물이 보이는 집에 사는 아이보다 나무가 보이는 집에 사는 아이들이 집중력이 높고 충동을 잘 억제한다고 한다. 그 이유는 무엇일까?

우선 심리학적으로 푸른 녹지 환경은 활력을 증진시키며, 스트레스를 없애주기 때문에 아이들의 정서 지능 발달에 긍정적인 영향을 미친다. 그리고 정서가 안정된 사람일수록 학습 능률도 높게 나타난다. 뇌과학에 따르면, 긍정적인 감정 상태일 때 뇌의 신경세포를 연결해주는 시냅스에서 신경 전달 물질의 분비가 원활히 이뤄지기 때문에 두뇌 효율이 높아진다는 것이다.

예컨대 아이들의 정서와 두뇌 발달은 주변 환경과 아주 밀접한 관계

산림청 주최 〈아름다운 숲 전국대회〉에서
'아름다운 학교 숲'으로 선정된 경북 하양초등학교 교정.
© 조문규

가 있다. 따뜻하고 온화한 자연 환경은 행복한 아이를 만들고, 경쟁이 치열하고 삭막한 인공의 환경은 불행한 아이를 만든다. 나는 이것을 '문화로 행복한 학교 만들기'를 통해 두 눈으로 직접 확인했다. 아이들은 학교 환경 변화에 따라 학습 태도와 마음가짐이 달라졌다. 학교 환경이 쾌적하고 환해지면서 아이들의 마음 역시 밝아진다는 것을 매번 느낄 수 있었다. 어쩌면 아이들에게 가장 중요한 것은 몸과 마음을 다 독여주는 환경과 오감을 자극하는 활동들이 아닐까 싶다. 즉 점수나 등수를 매겨서 잘하면 상을 주는 게 아니라 아이의 나이와 성장 시기에 맞춰 그때만 할 수 있는 특별한 경험, 도전을 맘껏 할 수 있도록 도와주는 게 부모나 학교의 역할일 것이다. 이것저것 시도해봄으로써 아이 스스로 재능을 발견하고, 그것을 키워나갈 수 있게 말이다.

색채 없는 삶, 빛을 잃었다면

"인간의 삶을 풍요롭게 만들어주는 것은 호기심입니다. 만약 여러분이 아이들의 호기심에 불을 붙일 수 있다면 아이들은 아무런 도움 없이도 배울 수 있을 것입니다. 아이들은 타고난 학습가이니까요."

'학교가 창의력을 죽인다.'는 요지의 TED 강연으로 큰 반향을 일으킨 영국의 저명한 교육학자 켄 로빈슨은 아이들이란 누구나 각자 다양한 재능과 창의성을 갖고 태어나지만, 정작 획일적인 교육이 아이들의 다양성을 인정하지 않고 학습에 국한된 지능만을 강조해 창의성을 죽이고 있다고 말한다.

나 역시 그렇게 생각한다. 한국의 학생들이 행복해하지 않고, 창의력도 발휘하지 못하는 이유는 획일적이고 통제적인 학교 환경과 무관하지 않을 것이다.

'문화로 행복한 학교 만들기'를 할 때마다 학생들에게 학교의 이미지를 한 단어로 표현해보라고 일렀는데, 대부분은 노트에 이렇게 적곤 했다.

'어둡다', '답답하다', '딱딱하다', '칙칙하다', '차갑다', '음침하다', '우울하다', '폐쇄적이다', '획일적이다.'

여기에서 학생들이 학교에 대해 얼마나 부정적인 인상을 갖고 있는가를 다시금 확인할 수 있었다. 학교의 노후화된 시설과 어둡고 칙칙한 분위기는 자라나는 아이들에게 결코 좋은 영향을 끼치지 않는다. 이이들의 심리 상태나 표정 역시 어둡게 만든다. 닭장처럼 답답한 공간에서 하루 종일 갇혀 지내다 보면 심리적인 압박감이나 스트레스가 쌓일 수밖에 없기 때문이다.

"공간 바꾸기를 하면서 가장 놀랐던 것은, 페인트 색깔 하나만 바꿨을 뿐인데 학교 전체 분위기가 너무 달라졌다는 거예요!"

'문화로 행복한 학교 만들기' 프로젝트로 인해 변화된 학교를 본 학생이 감탄하며 외쳤다.

이 프로젝트를 진행하면서 내가 가장 중점을 둔 부분은 무채색의 회색빛 공간에 '색'을 선물하는 일이었다. 창의력과 감수성을 한창 키워야 할 10대 시절에 회색빛 네모난 공간에만 갇혀 사는 아이들이 너무나 안타까웠기 때문이다. 밝고 산뜻한 공간을 아이들에게 돌려주기 위해 복도나 교실, 문화 공간의 페인트 색상을 화사하고 경쾌한 색으로 바꿨다. 환한 조명, 형형색색의 그래픽, 탁 트인 통유리창, 알록달록한 모자이크 타일, 강렬한 차양막 등 공간의 구석구석마다 개성을 덧입혔다. 학교가 환해지니 아이들의 얼굴이 밝아졌다. 덩달아 웃음도 많아지고 학업 능률도 개선되었다.

조명과 색상만 바꿔도 공간의 분위기는 얼마든지 바뀔 수 있다. 여러 가지 색을 쓰는 것이 아이들의 정서에도 좋다. 컬러풀한 색채감이 묻어난 공간에서 아이들은 감성을 느끼며 상상력을 키울 수가 있기 때문이다. 이러한 정서적 안정은 호기심과 창의성을 유발시키고, 지적 능력의 기초가 된다.

밝고 환한 공간은 아이들의 마음을 따뜻하게 만든다. 밝은 공간은 아이들을 밝게 만들고, 밝은 아이들은 또 사회를 밝게 만들 것이다.

2012 '문화로 행복한 학교 만들기' – 광주여자고등학교.
밋밋했던 복도가 화사하게 살아나면서 학교 전체 분위기를 바꾸는 랜드마크가 되었다.
디자인 디렉터 | 신호섭
© 한국공예 · 디자인문화진흥원, 박정훈

"학교가 환해지니
아이들의 얼굴이 밝아졌다.
덩달아 웃음도 많아지고
학업 능률도 개선되었다."

🏠 ✛ 학습 혁명을 말하다

TED 홈페이지에 등록된 동영상들 가운데 최다 조회수를 기록한 강의 중 하나인 '교육이 창의성을 말살시키고 있다.'의 강연자인 교육학자 켄 로빈슨은 "인간은 누구나 창의적이며 각자 다양한 재능을 타고나지만, 정작 교육은 우리의 다양한 재능을 인정하지 않고 학습 능력에 국한된 획일화된 지능만을 강조해 창의성을 말살시키고 있다."고 주장하였다. 그는 현재의 교육 시스템은 완전히 잘못되어 있기 때문에 개선이 아니라 혁명이 이루어져야 한다고 말하면서, 아이들이 다양한 재능을 발휘할 수 있는 환경을 만들어주는 것으로 교육의 패러다임을 바꾸자고 주장하였다. 패스트푸드와 같은 제조식 교육 모델이 아닌 농업적 원칙에 기초한 모델로 말이다. 그가 든 예를 살펴보면 참으로 흥미롭다. 농부가 수박씨를 심어놓고 참외가 자라도록 만들지 않듯이, 수박이 어떻게 하면 수박으로 잘 자랄 수 있을지에 대해서 고민을 하고, 수박이 가장 잘 자랄 수 있는 환경을 만들어주자는 게 그가 말하는 핵심이다. 즉 아이들이 자신이 원하는 일을 할 수 있도록 교육이 도와줘야 한다는 것이다. 그것이 바로 진정한 학습 혁명이라고 말이다.

http://www.ted.com/talks/lang/ko/sir_ken_robinson_bring_on_the_revolution.html

공간이
아이를
바꾼다

자 존 감 ,

비어 있던 마음의
공간 채우기

"아이를 행복하게 키우고 싶다면 자존감을 먼저 키워야 합니다."
2008년 EBS에서 방영된 〈다큐프라임〉의 '아이의 사생활'은 아이의 자존감을 높이는 양육법을 소개함으로써 엄마들 사이에서 큰 반향을 불러일으켰다.

서양에서는 이미 기본적이면서도 중요한 개념으로 자리 잡은 자아존중감, 즉 자존감은 자기를 소중하게 여기고 인정하는 마음으로. 아이들의 행복과 불행을 결정짓는다고 할 수 있을 정도로 중요하다고 한다.

어릴 때부터 자존감을 쌓아온 아이들은 아무리 어려운 상황이 닥쳐도 자기 스스로에 대한 사랑과 믿음을 바탕으로 이를 지혜롭게 극복해 나간다. 어떤 상황에서도 자신을 굳건하게 지키며, 긍정적인 사고방식을 갖도록 단련되었기 때문이다.

그 단련에 있어서 다음 두 가지는 반드시 필요하다. 하나는 '나는 할 수 있다'고 생각하는 자신감이고, 다른 하나는 '나는 사랑받을 가치가 있는 사람'이라고 생각하는 존중감이다.

"자존감은 차곡차곡 쌓인 애정들을 밑천으로 한다."는 말이 있는 것처럼 사랑과 격려 속에서 자란 아이는 자연스럽게 자신감을 가지게 된다. 반면 조금만 잘못해도 야단치고 닦달하거나 윽박지르는 분위기에서 자란 아이는 자신을 귀하게 여길 줄 모른다. 자신을 사랑하지 않거나 하찮게 여기게 되면 스스로 노력할 필요성도 느끼지 못하고, 쉽게 포기하고 절망하게 되는 경우가 많다. 아이들의 정서 안정과 성장에 도움이 되어야 하는 울타리인 가정이 상처와 아픔을 주는 곳이 되어서는 안 되지 않은가.

내가 아들을 키울 때 가장 신경 썼던 부분은 아이의 생각과 기분을 이해해주고, 아이의 능력을 믿어주는 것이었다. 또한 "넌 할 수 있어."와 같은 긍정적인 말을 자주 해주고 매사에 적극적인 사고를 할 수 있도록 지원해주었다. 자신을 존중하는 마음이 생기려면 작은 성공이라도 자신의 힘으로 일궈내면서 그 보람을 직접 경험하도록 하는 게 좋다고 생각했다. 원하는 목표를 달성했을 때 경험하게 되는, 뿌듯하면서도 기분 좋은 감정이 긍정적인 자의식을 만들어주리라 믿었기 때문이다.

결과보다
과정의 즐거움을
추구하다

'문화로 행복한 학교 만들기' 프로젝트 역시 엄마의 마음으로 우리 아이들에게 스스로가 자신을 가치 있는 존재로 키워주는 공간을 만들어주고 싶어서 시작한 일이었다.

새벽부터 밤까지 감옥 같은 학교에 갇혀 주입식 공부만 하다가 창의성도, 주체성도 잃어버리는 아이들의 현실이 너무 안타까웠다. 아이들을 행복하게 하는 공간을 확보해주는 것, 여기에 대한민국 교육의 해답이 있다고 믿었다. 그리고 이 사업을 통해 '만들어진 공간'이라는 결과물보다 그 결과물을 만들어가는, '과정의 즐거움'을 아이들에게 돌려주고 싶었다.

학교는 그 사용자인 학생이 주인이 되어야 하는 공간이므로 학생들이 그곳을 어떻게 이용할 것인가를 주체적으로 결정하고, 스스로 열정을 갖고 해낸 일에서 성취감을 느낄 수 있어야 한다고 생각했다. 이런 과정을 통해 학생들이 자신감과 함께 자존감을 가질 수 있기 때문이다. 변화된 학교라는 결과보다는 학생들 스스로가 학교 환경을 변화시킬 수 있는 자율적 주체로서의 자신을 인식하는 것이 무엇보다 소중한 경험이라고 할 수 있다. 그래서 참여한 학생들에게 '행복한 학교 만들기 위원'이라는 위촉장을 수여했으며, 현실 가능한 목표를 스스로의 힘으로 성취할 수 있도록 독려했다.

다행히도 학생들은 온갖 어려움에도 불구하고 친구들과 함께 고민하고 전문가와 토의하며 문제를 해결해나갔다. 그리고 자신들의 디자인이 실제로 반영되어 학교가 깨끗해지고 아름답게 바뀌는 것을 보면서 사부심을 느꼈다. '내가 이 학교를 바꿨구나.' 하는 생각에 스스로에 대한 자신감이 생기게 된 것이다. 아이들은 평생 잊을 수 없는 추억을 간직하게 되었을 뿐만 아니라 바뀐 환경에서 공부도 더 자발적으로 하게 되었다. 자존감과 주도성은 비단 학업뿐 아니라 삶의 거의 모든 영역에서 긍정적인 영향을 끼친다. 자기 표현 능력, 의사소통 능력, 타인을 생각하는 능력, 문제를 해결하는 능력…… 이러한 작은 성취들이 모여 아이들의 앞날에 더 큰 성취를 이끌어낼 수 있을 것이다.

학교는 그저 공부만 하는 곳이 아니라 아이들이 꿈과 희망을 키우는 '행복한 공간'이 되어야 한다. 딱딱하고 경직된 이미지의 학교가 아이들을 품어주고 따뜻하게 소통하는 공간으로 바뀌자 아이들 역시 달라졌다.

그런 변화를 지켜보며, 나는 이 사업이 정말 의미 있는 활동이 되었다고 생각한다. 학교를 직접 사용하는 학생들과 선생님들뿐 아니라 학부모들까지 한마음, 한뜻으로 협동하여 희로애락을 함께 나누면서 서로를 더 많이 이해하게 되고, 서로를 더 많이 사랑하게 되었다. 이 훈훈한 추억과 작은 성취 동기가 또 다른 도전과 자극으로 이어지길 기대해 본다.

아이의 자존감을 키워주는 환경을 조성하는 것, 그것은 가정뿐 아니라 온 사회가 함께 노력해야 할 문제가 아닐까.

🏠 ✛ 아이의 방은 하나의 우주이다

어른들에게 아이 방은 집 안의 여러 공간 중 하나일 뿐이지만 아이들에게 그곳은 놀고 공부하고 자는 등의 모든 활동이 이뤄지는 공간으로, 자신의 전부와도 같다. 그러므로 아이 방을 꾸밀 때는 아이의 취향과 흥미를 고려해야 하며, 아이가 직접 참여할 수 있도록 하는 것이 바람직하다. 방을 꾸미는 과정에서 아이는 자기 공간과 물건에 애착을 가질 수 있으며, 자신의 개성을 발견할 수도 있다. 또한 그러한 경험들이 쌓임으로써 주도적으로 삶의 모델을 그려갈 수 있게 된다. 아이들이 행복한 방을 만들어주고 싶다면, 방을 꾸미기 전에 먼저 어떻게 꾸밀 것인지 아이와 충분히 대화를 나눠야 하며, 무엇보다 아이의 의견이 우선시되어야 한다는 점을 잊지 말자.

잘

비 워 야

잘 채울 수 있다

지금까지 살펴보았듯이 생활 공간의 변화는 생활 태도의 변화를 불러온다.

아이들은 자신만의 공간이 있다는 것만으로도 책임감이 생기고 자존감과 성취감이 높아진다. 긍정적인 공간에서 비롯되는 긍정적인 생활 태도는 정서적 안정감을 줄 뿐만 아니라 학습 능률까지 높일 수 있다.

흔히 정리를 잘하는 아이는 공부도 잘한다는 속설이 있는데, 이는 정리가 체계적인 사고와 실행력, 효율적인 시간 관리와 공간 관리 등의 속성과도 연결되기 때문이다. 자신의 생활 공간을 정리하거나 물건을 제자리에 정돈하는 것은 눈에 보이는 물질적인 것을 정리하는 것을 넘어서 마음과 생각, 시간 등 눈에 보이지 않는 비물질적인 것에 '질서'를 부여하는 것과 마찬가지라고 할 수 있다. 찾기 쉽도록 분류하고 버리고 모으는 정리가 문제를 심플하게 만들어 풀 수 있는 단순화 능력을 길러주기 때문이다. 또 효율적인 두뇌 이용과도 연관이 있어서 주변 환경을 정돈하는 것은 일에 대한 집중력을 높이며 자기가 할 일을 스스로 완수하도록 도와준다. 이런 속성은 아이의 자립심과 책임감을 길러주고, 결국 아이의 성공 가능성을 높여준다. 실제로 기업의 CEO나 사회 각계 리더들의 공통점으로 깔끔한 책상이 손꼽힐 만큼 '정리'는 성공과 성취의 기초가 된다고 볼 수 있다.

잘 정리된 공간은 잘 정리된 사람을 만드는 힘이 있다. 왜 그럴까? 이유는 간단하다. 공간이란 삶의 터전을 만들어가는 우리의 보금자리이다. 단순히 넓거나 좁은 물리적 공간이 아니라 다른 사람들과의 관계가 이뤄지는 사회적 공간이자 동시에 아이가 숨 쉴 수 있는 심리적 공간이기도 하다. 이 공간을 어떻게 설계하고 운영하는가 하는 문제는 한 인간의 삶의 태도, 사회성, 학습과도 연관이 있으며, 동시에 문제 해결 능력이나 정서적 안정에도 영향을 준다.

정리되지 않은 책상에서 공부하면 집중도 잘되지 않고 업무 능률도 오르지 않듯이 머릿속과 주변이 잡동사니로 가득한 상태에서는 정서적 안정을 기대하기 어렵다. 심리학자들의 말에 의하면 혼란에 빠진 공간은 그 사람의 내면 역시 뒤죽박죽 헝클어져 있다는 것을 암시하는 경우가 많다고 한다.

아이가 삶의 혼란 속에 이리저리 끌려다니며 수동적으로 사는 것을 막기 위해서라도 공간 정리는 꼭 필요하다. 정리를 통해 일상의 질서를 세울 수 있고, 공간의 가치를 향상시키며, 불필요한 낭비를 줄일 수 있다. 즉 공간 정리야말로 아이들의 숨은 능력을 가장 쉽고도 빠르게 계발시킬 수 있는 방법인 것이다. 그렇다면 이렇게 중요한 공간 정리를 어떻게 하면 보다 더 효율적으로 할 수 있을까?

평생 가는
습관의 힘,
정리 정돈의 기적

'아이젠하워 원칙'이란 말이 있다. 이는 제2차 세계 대전의 영웅이자 미국의 대통령을 지낸 아이젠하워가 직무를 수행할 때 적용한 방법에서 비롯된 말로, 복잡한 문제를 단순하게 풀어나가는 방법을 뜻한다.

그는 책상 위를 '지금 당장 해야 할 것', '지시하고 연락할 것', '도움받을 것', '버려야 할 것' 등 4개 영역으로 구분해 책상을 항상 깨끗하게 정리했고 미루지 않고 모든 일을 처리함으로써 업무 효율을 극대화시켰다.

일을 할 때 긴급성과 중요도에 따라 우선순위를 정하고, 이에 근거해서 해야 할 일과 해서는 안 되는 일, 다른 사람에게 맡겨도 되는 일 등으로 구분해 문제를 단순화시키는 이 방법은 미국의 여러 대통령들이 집무 원칙으로 삼을 만큼 높은 평가를 받았다. 이것을 아이들과 함께하는 일상에도 적용해보면 아이들의 시간 관리, 자발성, 실행력, 창의력 계발에도 도움이 되지 않을까 싶다.

작고 사소해 보이는 일이라도 하나하나 의미를 부여해 스스로 주도적으로 정리해나가다 보면 자연스레 일상의 질서가 만들어지고 인생의 주인으로서 자신의 삶을 컨트롤할 수 있게 된다. 리더십도, 창의성도, 정서적 안정도, 문제 해결 능력도 모두 잘 정돈된 공간에서 나오는 것이다.

새 마음, 새 기분으로 다시 시작하고 싶을 때 대청소를 통해 마음을 다잡듯이 일상을 다듬어 공간을 정리하는 것은 모든 변화의 출발점이 된다. 공간은 삶 그 자체이며, 삶은 공간에서 출발하기 때문이다.

🏠 ＋ 정리 정돈은 훈련이다

아이에게 논리성과 침착성을 키워주고 싶다면 아이가 어릴 때부터 매일 조금씩이라도 스스로 정리 정돈하는 습관을 들일 수 있도록 도와주어야 한다. 물건들을 같은 종류나 모양, 용도대로 분류하고 정리함으로써 언어 및 수학적 개념이 형성될 수 있으며, 깔끔한 생활 태도로 인해 시간과 공간을 효율적으로 사용할 수도 있다. 정리 정돈은 생활의 규칙이나 일상의 질서를 세우는 데도 도움이 된다.

공간이
아이를
바꾼다

아이들은

모 두 천 재 로
태어난다

그동안 '문화로 행복한 학교 만들기' 프로젝트를 통해 아이들을 가까이
에서 지켜보면서 나는 "아이들은 모두 천재로 태어난다."라는 피카소의
말에 전적으로 동감하게 되었다. 세상에 평범한 아이는 하나도 없다.
다만 숨겨진 가능성을 발견하지 못하거나 타고난 재주를 싹 틔우기도
전에 부주의한 어른들에 의해 짓밟혀버릴 뿐이다. 모든 아이들은 위대
한 일을 해낼 수 있는 잠재력을 지니고 태어나므로 이를 얼마나 이끌
어낼 수 있느냐가 관건인 것이다. 아이들의 다양성을 존중하고 저마다

의 개성을 인정해주면 기발한 아이디어와 창의성이 넘쳐나게 된다. 나는 그 사실을 이번 작업을 통해 깨닫게 되었다.

자신이 다니는 학교를 제 손으로 직접 디자인하는 일에 참여한 학생들은 하나같이 호기심이 강하고 적극적이었다. 힘들거나 어려운 일도 쉽게 포기하거나 멈추지 않고 고민에 고민을 거듭하며 결국 개선 방안을 생각해냈다. 어떻게 하면 내 힘으로 학교를 쓸모 있는 공간으로 변화시킬 수 있을까, 진심으로 고민하며 골몰하는 것이 눈에 보였다. 결과에 연연하기보다 과정에서 의미와 즐거움을 찾으며, 그들은 그렇게 학교생활에서 발견하지 못했던 능력을 발휘하고 있었다.

발달심리 전문가들은 어른들이 아이에게서 가능성을 발견하고 잘할 것이라고 믿어주면 아이는 그 기대에 맞추기 위해 노력하게 되고, 반대로 문제아로 낙인찍으면 정말 그 아이는 문제 행동만 보이게 된다고 말한다. 나는 현장을 둘러보면서 그 말이 무슨 의미인지 어렴풋이 느낄 수 있었다.

각 팀 사람들끼리 혼연일체가 되어 열띤 토론을 벌이는 모습은 사뭇 진지하기도 했고 열정적이기까지 했다. 연신 "하하하.", "호호호." 하고 웃음소리가 끊이지 않는 회의가 어떨 때는 쉬는 시간도 없이 장시간 마라톤으로 이어져, 점심을 먹는 것조차도 잊은 채 자그마치 여섯 시간을 내리 쉬지 않고 토론한 적도 있었다. 누구 하나 잠시 쉬었다 하자고 말하는 사람이 없을 정도로 깊이 몰입해 있었던 것이다.

2011 '문화로 행복한 학교 만들기' – 서울 남서울중학교.
꿈과 끼를 발산할 수 있는 활기찬 공간에서 밝고 환한 모습의 아이들.
디자인 디렉터 | 신혜원
© 한국공예 · 디자인문화진흥원, 박정훈

심지어 어떤 팀은 인터넷이나 책으로 자료를 찾는 데 한계를 느껴 학교 리모델링의 샘플이 될 수 있는 공간을 직접 발품을 팔며 찾아다니기도 했다. 사람들의 왕래가 많은 음식점이나 백화점, 도서관, 공원, 공공 청사 등을 찾아가 공간이나 시설물의 장점을 메모하고 사진을 찍었다. 그렇게 모은 자료는 A4 용지로 500장이 넘을 정도로 많았다. 이 모든 상황을 지켜봤던 한 교장 선생님은 웃으며 이렇게 말했다.

"처음엔 쭈뼛쭈뼛 어색해하던 학생들과 교사들이 워크숍이 거듭될수록 자기 집을 고치는 것마냥 적극적으로 참여하는 걸 보고 사실 깜짝 놀랐습니다. 그동안 뭔가에 이렇게 몰입하는 모습을 본 적이 없었거든요."

학생들이 그처럼 깊은 관심을 보였던 까닭은 자신들의 생각과 의견이 '학교 만들기'에 고스란히 반영되기 때문이 아니었을까? 즉 자신들이 학교의 주인이라는 의식이 생겼기 때문에 더 큰 책임감을 가지게 되었고, 학교 발전에 기여할 수 있다는 생각에 자신감이 쌓인 것이다. 입시라는 경쟁 구도에서 벗어나 생각과 아이디어를 공유하고 더 나은 개선 방안을 찾기 위해 모두가 힘을 모으는 이러한 공동 작업을 통해 아이들은 소통을 몸으로 익히게 되고, 결과보다 과정이 더욱 소중하다는 것을 알게 되었다. 이런 경험은 아이들에게 공동체 의식을 갖게 할 뿐 아니라 사회성 발달에도 긍정적인 영향을 미칠 수 있다.

지루한
일상에
활력을!

> "지루한 건물에서, 지루한 교사에게 배운 학생은 결국 지루한 사람이 됩니다. 우리는 건축가로서 학교를 잘 조율된 악기처럼 만들어 교사들이 학생들을 위해 교육이란 음악을 잘 연주할 수 있도록 만드는 게 목표입니다."

얼마 전 서울시립미술관에서 열린 '북유럽 건축과 디자인' 개막식 참석차 서울에 온 노르웨이 건축가 페테르 베르게루드와 닐스 요한 만소커가 남긴 말이다.

노르웨이에서 20년 동안 25개 학교를 건축한 그들은 "노르웨이 학교 건축에는 미래 세대에게 필요한 자질을 어떻게 갖춰줄 것인가에 대한 고민이 담겨 있다."고 말했다. 그들은 학생들이 정규 수업 외에 자율적으로 모여 배움과 놀이를 통해 서로 함께하는 것을 배우고, 자연과 공존하는 법을 배울 수 있도록 하기 위해 학교를 설계하고 공간을 디자인한다고 했다.

그에 반해 우리나라의 일반적인 교육 환경은 개개인의 잠재력을 발현시킬 수 있는 기회를 충분히 제공하지 못했던 게 사실이다. 수많은 아이들이 반짝이는 가능성을 발견하지 못한 채 여전히 수동적으로 살아가고 있다. 오직 성공을 목적으로, 입시에 대한 부담만 가중시키며

무한 경쟁을 부추기는 지루한 공간에서 이 땅의 아이들은 표현의 자유도, 인간답게 살 권리도 보장받지 못한 채 지루하게 커가고 있다.

학교는 아이들의 재능을 가장 잘 파악할 수 있는 공간이 되어야 한다. 아이를 변화시키는 기적을 꿈꾼다면 아이들에게 어떤 공간을 만들어줘야 하는지 먼저 생각해보라고 권하고 싶다.

학창 시절에 행복을 경험하지 못한 아이는 어른이 되어서도 행복하지 못한단다. 더 늦기 전에 우리 아이들에게 행복을 느끼게 해주자.

지금, 당신의 아이는 학교에서 행복한가?

🏠 ➕ 학교의 본질은 무엇일까?

20세기 최고의 건축가 중 한 사람으로 '침묵과 빛의 건축가', '위대한 건축의 교사'라는 수식어가 따라다니는 루이스 칸은 학교의 기원에 대해 다음과 같은 말을 남겼다.

"학교는 어느 나무 아래서 시작되었습니다. 그곳에서 자신이 교사인 줄 모르는 사람이, 자신이 학생인 줄 모르는 몇몇 사람들에게 자신의 깨달음에 대해 말하고 있었습니다. 그들은 자기들 사이에 오간 이야기들에 대해 생각하고, 이 사람 앞에 있다는 사실이 얼마나 좋은지 생각했습니다. 그리고 자기 아이들에게도 이 사람의 이야기를 들려주고 싶었습니다. 마침내 바라던 공간이 세워져 최초의 학교가 존재하게 되었습니다. 학교 건립은 필연적인 것이었습니다. 최초의 학교는 우리의 내부에 있는, 즉 우리들 바람에 내재하고 있는 어떤 것에 대한 동의입니다."

학교라는 공간에 관해 본질적인 물음을 던진 칸의 이 말에는 학교 건축이 갖추어야 할 덕목들이 고스란히 들어 있다. 시간이 흘러도 변치 않는 학교의 본질, 그것은 사람과 사람 사이를 배움과 성장 그리고 소통의 인연으로 재구성하는 것이다. 즉 인생을 살아가는 데 필요한 품성과 역량을 서로 나누면서 성장하는 곳 말이다. "어떤 건물을 만든다는 것은 말이지, 어떤 인생을 만들어내는 일이라네."라는 칸의 이 말에 이제는 귀 기울여야 할 때이다.

공간은
교육도 　바꿀 수 있다

우리는 매일 수많은 공간들 속에서 생활한다. 늘 편안한 안식처가 되어주는 집, 하루 중 많은 시간을 보내는 학교나 사무실, 휴식이나 운동을 할 수 있는 공원, 필요한 물품을 쇼핑할 수 있는 상점이나 마트, 매일 오가는 거리……. 집에서 나와서 다시 집으로 돌아갈 때까지 다양한 공간들을 만나며, 그 공간들로부터 많은 영향을 받는다. 보고 듣고 느끼고 냄새를 맡는 모든 감각기관을 거쳐 그렇게 우리는 생활하는 공간 속에서 자기 자신을 형성한다. 담는 그릇에 따라 물의 모양이 바뀌듯이 사람 역시 공간에 따라 삶이 모습이 달라진다. 공간이란, 인간의 삶을 담는 그릇이기 때문이다.

　나는 '문화로 행복한 학교 만들기' 프로젝트를 통해 공간의 힘에 대해 더욱 절실히 깨달을 수 있었다.

　학교의 삭막한 공간이 문화적인 공간으로, 어두운 공간이 밝은 공간으로, 획일적인 공간이 창의적인 공간으로 바뀌면서 아이들은 정말 많은 변화를 보여주었다. 무엇보다 아이들의 얼굴이 밝아졌고, 학습 태도도 좋아졌으며, 학교 폭력까지 줄어들었다. 공간에 따라 아이들이 어떻게 변화하는지 내 눈으로 직접 보았기에, 공간으로 아이들을 치유할 수 있다는 희망을 얻을 수 있었다. 어쩌면 우리 아이들을 아프게 하는 것은 거대한 사회가 아니라 아이들이 생활하는 크고 작은 공간들인지도 모르겠다고 생각하면서 말이다.

그래서 누구도 관심을 갖지 않는 공간, 누구나 소홀히 하기 쉬운 공간부터 하나씩 바꿔나갔다. 아이들이 원하는 공간이 무엇이고, 아이들이 원하는 디자인이 무엇인가를 귀 기울여 들어가면서 말이다. 맨땅에 헤딩하다시피 시작한 '문화로 행복한 학교 만들기'는 2008년 5개 학교를 시작으로 2013년까지 총 55개 학교의 유휴 공간을 아이들의 몸과 마음의 행복을 낳는 공간으로 만들었다. 그렇게 되기까지 무언가 거창한 변화들을 시도한 건 아니었다. 그저 작은 공간들을 변화시켰을 뿐인데, 아이들은 눈에 띌 만큼 달라졌다.

이 프로젝트가 큰 성과를 얻을 수 있었던 데에는 무엇보다 디자인 디렉터의 역할과 후원자들의 도움이 컸다. 특히 초기에 아무것도 모르던 시절, 내가 운영하던 디자인 사무실의 방 하나로 사단법인을 꾸려나갔던 때 많은 사람들에게 이 사업을 알릴 수 있도록 홈페이지를 만드는 데 아낌없는 지원을 해준 야긴스텍을 비롯하여 이 프로젝트를 함께 이끌어주었던 문화체육관광부의 한민호 과장, 동의대학교 박광철 교수, 조명 전문가 고기영, 색채 전문가 이승희, 경관 디자인 회사 브이아이랜드, 전통 한지 생산업체인 천양제지, 디자인 회사 희오, 조경 설계회사 그룹한 등 관련 분야 전문가들과 기업들에게 감사할 따름이다. 정말 많은 노력과 시간이 필요한 이 일을 그들이 흔쾌히 승낙하고 세세한 부분에까지 정성을 기울여 작업할 수 있었던 것은 그들 역시 아이를 가진 '부모'였기 때문이다. 그들 역시도 이 일을 통해 자신의 아이들에게 관심을 갖게 되었으며, 삶의 방향까지 바뀌게 되었다고 한다.

그 밖에 여러 후원사나 후원 단체들도 눈앞에 보이는 가시적인 성과보다는 미래에 투자하는 일에 기꺼이 참여해주었다. KCC, 코스토개발, 에코앤바이오, 전주 교동아트센터, 문자향, 대호철망, 코엑스, 2009대한민국 공공디자인 엑스포 조직위원회 등이 적극적으로 후원해주었다. 이들이 있었기에 '문화로 행복한 학교 만들기'를 순조롭게 시작할 수 있었으며, 빠르게 정착할 수 있었다. 이들의 숨은 노력 덕분에 지금까지도 이 사업은 지속적으로 진행되고 있다.

2008년부터 2009년까지 2년이라는 시간 동안 이들과 함께 15개 학교를 소통과 문화가 있는 공간으로 만들면서 가슴 벅찬 순간들이 얼마나 많았는지 헤아릴 수 없을 정도이다. 살면서 그와 같은 감동을 다시 느껴볼 수 있을지 모르겠다. 지금은 한국 공예·디자인 문화진흥원에서 '문화로 행복한 학교 만들기'를 맡아서 진행하고 있지만 아직도 처음에

공간이
아이를
바꾼다

시작했을 당시 사무실로 쓰던 방 앞의 간판을 떼지 못했을 정도로 그때의 따스한 추억은 여전히 내 가슴에 살아 있다.

다만 한 가지 안타까운 일은 그동안 작은 예산에도 불구하고 많은 사람들이 십시일반으로 일궈낸 '문화로 행복한 학교 만들기'의 예산이 그마저도 해마다 줄고 있다는 사실이다. 공간의 치유를 통해서 고장 난 대한민국 교육 문제에 대한 해답을 제시하며, 아이들뿐만 아니라 학부모, 교육 관계자들에게도 많은 변화를 불러일으킬 수 있는 중요한 일인데도 불구하고 관련 예산이 삭감되어, 더 이상 사업 보조비를 지원해줄 수 없다고 한다. 대신 예산이 있는 학교에 전문가 컨설팅을 지원해주는 방식으로 바뀌게 된 것이다.

사실 삭감된 예산보다 더 걱정인 것은 삭막한 학교 환경에 대한 어른들의 무관심이다. 아이들이 자라나는 공간에 대한 무관심은 결국 교육에 대한 무관심으로 이어질 수 있다. 아이들의 아픈 소리를 귀 기울여 듣지 않고 어른들의 잣대와 기준대로 아이들을 스트레스로 가득한 사각 링에 몰아넣고 있는 건 아닌지 반성해봐야 할 때이다. 지금 아이들에게는 '가고 싶고, 머물고 싶고, 즐거운 학교'가 필요하다.

이제는 한 아이의 평범한 엄마로서 공간의 중요성을 외치는 일밖에 할 수 없지만 부디 이 책을 통해 나 같은 부모들이 늘어남으로써 공간의 힘을 공유하고 그 가치를 우리 사회에 제대로 전달할 수 있었으면 하는 바람이다. 공간은 교육을 바꿀 수 있다.

'문화로 행복한 학교 만들기' 사업 대상 학교

주최기관	문화체육관광부	**주관기관**	한국공예·디자인문화진흥원

연도	지역	학교명	개선 공간	디자인 디렉터	
2013년 (8개교)	화순	**화순고등학교**	본관–교사동 연결외부 공간	**김창균**	유타건축사사무소 소장
	광주	**동산초등학교**	3층 중앙홀, 외부 연결통로	**양수인**	삶것건축사사무소 소장
	대구	**송현여자고등학교**	중앙현관	**박인수**	파크이즈건축사사무소 대표
	부산	**월평초등학교**	스마트교실, 도서관	**김현진**	SPLK건축사사무소 소장
	서울	**신원초등학교**	건물 간 연결복도	**조재원**	01스튜디오 대표
	서울	**지향초등학교**	건물 간 연결복도	**권형표** **김순주**	바우건축사사무소 대표 바우선건축사사무소 대표
	서산	**운산초등학교**	예체관(제조부 연습실)	**임지택**	한양대 건축학부 교수
	음성	**남신초등학교**	도서관	**이소진**	아뜰리에 리옹 서울 대표
2012년 (8개교)	서울	**대길초등학교**	다목적 문화예술교실	**김창균**	유타건축사사무소 소장
	파주	**웅담초등학교**	다목적 합주실(웅담행복꿈터)	**오영욱**	오기사디자인 대표
	대구	**경북여자고등학교**	문화쉼터(지혜마루)	**임지택**	한양대 건축학부 교수
	대구	**광명학교**	복합문화강당(광명아트센터)	**이소진**	아뜰리에 리옹 서울 대표
	대구	**원화여자고등학교**	갤러리형 쉼터(조양갤러리)	**김현진**	SPLK건축사사무소 소장
	광주	**광주여자고등학교**	문화쉼터(난원마루)	**신호섭**	신아키텍츠 소장
	영월	**녹전초등학교**	문화쉼터(녹전문화갤러리)	**신혜원**	로컬디자인 대표
	서울	**난우초등학교**	건물 내외벽 색채	**박인수**	파크이즈건축사사무소 소장
2011년 (9개교)	서울	**남서울중학교**	문화쉼터	**신혜원**	로컬디자인 대표
	김포	**수남초등학교**	문화교실	**이정훈**	JOHO Architecture 소장
	서산	**가사초등학교**	문화쉼터	**임지택**	한양대 건축학부 교수
	충주	**충주중앙중학교**	창의체험갤러리	**정기정**	유오에스건축 대표
	부산	**신선초등학교**	도서관	**이소진**	아뜰리에 리옹 서울 대표
	사천	**삼천포중앙여자 고등학교**	문화쉼터	**조종우**	이우파트너스건축사사무소소장
	대구	**신암초등학교**	문화쉼터	**강진구**	JNK종합건축사사무소 소장
	전주	**풍남초등학교**	문화쉼터	**김선현**	D LIM건축사사무소 소장
	평창	**면온초등학교**	도서관	**고기웅**	고기웅사무소 대표

연도	지역	학교	공간	디자이너	소속
2010년 (11개교)	서울	**경복여자고등학교**	도서관	윤남희	아더디자인 대표
	안산	**삼일초등학교**	복합문화강당	김선철 김주연	경희대 산업디자인학과 교수 서울디지털대 디지털디자인학과 교수
	대구	**영화학교**	동아리활동 공간/복도	김현진	SPLK건축사사무소 소장
	포항	**구룡포종합고등학교**	화장실 및 복도	조만태	미르건축 소장
	고성	**동광농공고등학교**	동아리활동 공간	김종오	연희건축사사무소 소장
	익산	**성북초등학교**	복합문화강당	윤웅원 조종우	제공건축사사무소 소장 제공건축사사무소 대표
	순천	**성남초등학교**	쉼터(2층 2개 교실)	오영욱	오기사디자인 대표
	광주	**수피아여자중학교**	쉼터	임지택	한양대 건축학부 교수
	제주	**표선초등학교**	쉼터	현군출	건축사사무소 포럼1현 대표
	안양	**충훈고등학교**	옥상정원	최지현	이젠환경 대표
	서울	**대청중학교**	도서관	이소진	아뜰리에 리옹 서울 대표
2009년 (10개교)	서울	**용곡중학교**	화장실	신혜원	로컬디자인 대표
	고양	**호곡중학교**	공감터	이소진	아뜰리에 리옹 서울 대표
	안양	**신성중학교**	화장실	김광수	이화여대 건축학과 교수
	이천	**한국도예고등학교**	옥상정원	최지현	이젠환경 대표
	제천	**동중학교**	교실	윤웅원	제공건축사사무소 소장
	전주	**중앙초등학교**	전통문화교육실	조재원	01스튜디오 대표
	김천	**다수초등학교**	전통문화교육실	조재원	01스튜디오 대표
	거창	**샛별중학교**	화장실	김성원	동의대 산업디자인학과 교수
	대구	**명덕초등학교**	화장실	백동철	백운건축사사무소 대표
	부산	**구화학교**	화장실	박광철	동의대 산업디자인학과 교수
2008년 (5개교)	전주	**양지중학교**	갤러리	김경인	브이아이랜드 대표
	서울	**대왕중학교**	화상실	김경인	브이아이랜드 대표
	화성	**장명초등학교**	화장실	임지택	한양대 건축학부 교수
	영주	**남산초등학교**	문화카페	이호영	계명대 산업디자인학과 교수
	밀양	**무안중학교**	화장실	박광철	동의대 산업디자인학과 교수

공간이 아이를 바꾼다

초판 1쇄 2014년 2월 3일
    15쇄 2024년 8월 2일

지은이 | 김경인

발행인 | 박장희
대표이사 겸 제작총괄 | 정철근
본부장 | 이정아
편집장 | 조한별

기획위원 | 박정호

마케팅 | 김주희, 이현지, 한류아

발행처 | 중앙일보에스(주)
주소 | (03909) 서울시 마포구 상암산로 48-6
등록 | 2008년 1월 25일 제2014-000178호
문의 | jbooks@joongang.co.kr
홈페이지 | jbooks.joins.com
네이버 포스트 | post.naver.com/joongangbooks
인스타그램 | @j__books

ISBN 978-89-278-0527-4 03370

중앙북스는 중앙일보에스(주)의 단행본 출판 브랜드입니다.